中华人民共和国海船船员培训合格证考试培训教材

U0650849

交通运输类"十四五"创新教材

符合《海船船员培训大纲（2021版）》
《海船船员考试大纲（2022版）》要求

JIBEN ANQUAN —— FANGHUO YU MIEHUO

基 本 安 全
—— 防火与灭火

中国海事服务中心　组织编审

大连海事大学出版社
DALIAN MARITIME UNIVERSITY PRESS

图书在版编目(CIP)数据

基本安全：防火与灭火／中国海事服务中心编. ——
大连：大连海事大学出版社，2023.6(2024.1重印)
中华人民共和国海船船员培训合格证考试培训教材
ISBN 978-7-5632-4404-1

Ⅰ. ①基…　Ⅱ. ①中…　Ⅲ. ①船舶-消防-技术培训
-教材　Ⅳ. ①U698②U664.88

中国国家版本馆 CIP 数据核字(2023)第 035636 号

大连海事大学出版社出版

地址:大连市黄浦路523号　邮编:116026　电话:0411-84729665(营销部)　84729480(总编室)

http://press.dlmu.edu.cn　E-mail:dmupress@dlmu.edu.cn

大连天骄彩色印刷有限公司印装　　　　　　　　**大连海事大学出版社发行**

2023 年 6 月第 1 版　　　　　　　　　　　　2024 年 1 月第 3 次印刷

幅面尺寸:184 mm×260 mm　　　印张:6.25　　　　　　　字数:142 千

出版人:刘明凯

责任编辑:任芳芳　　　　　　　　　　　　　责任校对:刘宝龙

封面设计:解瑶瑶　　　　　　　　　　　　　版式设计:解瑶瑶

ISBN 978-7-5632-4404-1　　　定价:36.00 元

中华人民共和国海船船员
培训合格证考试

培训教材编审委员会

主　　任：孙玉清

委　　员：（按姓氏笔画排序）

　　　　王　勇　刘正江　刘红明　吴丽华　吴宗保　赵友涛　施祝斌
　　　　姚　杰

审定委员会

主　　任：孙玉清

委　　员：（按姓氏笔画排序）

　　　　王　捷　王平义　王明春　吕　明　刘锦辉　李忆星　李建国
　　　　杨甲奇　肖亚明　张庆宇　张守波　陈晓琴　苗永臣　范　鑫
　　　　周明顺　唐强荣　黄江昆　景向伟

编写委员会

前　言

　　《中华人民共和国海船船员培训合格证书签发管理办法》已于 2019 年修订并于 2019 年 10 月 1 日起施行。交通运输部 2021 年发布的《海船船员培训大纲（2021 版）》，对海船船员培训合格证的适任要求，培训的理论知识、实践技能，评价标准及学时等作出了详细规定；中华人民共和国海事局根据《中华人民共和国海船船员适任考试和发证规则》和《海船船员培训大纲（2021 版）》编制并发布的《海船船员考试大纲（2022 版）》，对海船船员培训合格证理论考试大纲、实操评估大纲作出了详细规定。

　　为更好地实施高素质船员队伍建设，在新形势、新要求下推进并完善海船船员培训工作，增强海船船员的个人安全意识，进一步提升海船船员适任能力，中国海事服务中心组织具有丰富培训教学经验和航海实践经验的专家编写并审定了本套"中华人民共和国海船船员培训合格证考试培训教材"。

　　本套教材满足《1978 年海员培训、发证和值班标准国际公约马尼拉修正案》、《海船船员培训大纲（2021 版）》和《海船船员考试大纲（2022 版）》对海船船员培训合格证的各项要求，紧密结合我国有关船员职业培训的最新规定，知识点全面，图文并茂，易于学习、理解，可作为海船船员培训合格证培训用书，亦可作为船上人员解决工作中实际问题的工具书。

　　本套教材包括：

Z01	《基本安全——个人求生》
	《基本安全——防火与灭火》
	《基本安全——基本急救》
	《基本安全——个人安全与社会责任》
Z02	《救生艇筏和救助艇操作与管理》
Z03	《快速救助艇操作与管理》
Z04	《船舶高级消防》
Z05	《船舶精通急救》
Z06	《船上医护》
Z07、Z08	《船舶保安意识与职责》
Z09	《船舶保安员》
T01	《油船和化学品船货物操作（基本培训适用）》
T02	《油船货物操作（高级培训适用）》

（续表）

T03	《化学品船货物操作(高级培训适用)》
T04	《液化气船货物操作(基本培训适用)》
T05	《液化气船货物操作(高级培训适用)》
T06	《客船操作与管理》
T07	《大型船舶操纵》
T081、T082	《高速船操作与管理》
T09、T10	《船舶装载包装及散装固体危险和有害物质操作与管理》
T11、T12	《使用气体或其他低闪点燃料船舶操作与管理》
T13、T14	《极地水域船舶操作与管理》

本套教材的编写、出版，得到了各直属海事局、航海教育培训机构、航运企业及大连海事大学出版社等单位的大力支持，特致谢意。

中国海事服务中心

2022 年 10 月

扫码学习《深入学习贯彻党的二十大精神　加快建设交通强国　当好中国式现代化开路先锋》

编者的话

　　《基本安全——防火与灭火》依据《海船船员培训大纲(2021版)》和《海船船员考试大纲(2022版)》对海船船员培训合格证的各项要求,紧密结合我国有关船员职业培训的最新规定编写,适用于海船上所有船员Z01基本安全培训合格证的考试培训,也可作为船上人员解决工作中实际问题的工具书。

　　本书共分为八章,内容包括:第一章概论,第二章燃烧的基本理论,第三章火(灾)的种类及适用灭火剂,第四章船舶防火,第五章船用消防器材,第六章船舶火灾探测及报警系统,第七章船舶灭火系统,第八章船舶消防演习。

　　本书由陈福金、陈平、郑罗坤、孙康担任主编,曹勇、刘长青担任主审,张以贵、康小刚、张辉、黄跃华、邵景政、蒋文、郭春燕、温清洪参与了本书的编写。全书由陈福金统稿。

　　航海类培训教材的编写需要注重理论联系实际。因此,开发建设质量高、资源丰富、适应现代化航运发展的立体化教材是非常必要的。本书在编写过程中,立足于船舶生产实践,借助最新的虚拟现实理论、多媒体技术等,配套开发了仿真设备操作、二/三维动画、视频、AR资源、教学课件等,同时提供了多媒体、三维漫游以及三维实操等训练方式,旨在打造集文本、VR、AR、视频、音频、动画、线上资源、仿真训练等多种资源于一体的海船船员培训合格证立体化教材。本书将课堂理论教学与实训实习等环节有机结合起来,丰富了教学内容。本书的立体化教学资源开发,得到了中国海事服务中心王希行船长、大连海事大学任鸿翔教授和段雅婷博士、福建船政交通职业学院李翼副教授和张明船长等的鼎力帮助,在此表示衷心的感谢。

　　需要说明的是,本书中每一立体化教学资源均对应一个二维码,读者可以采用微信扫码的方式来使用资源(本书一书一码,需要刮开封底二维码涂膜,微信扫描并注册成功后方可使用),也可以从PC端登录http://www.vrship.vip网站获得更好的交互体验(首次访问网站时,需要刮开封底的验证码涂膜,在网站登录界面上输入8位验证码,注册成功后方可使用)。

　　航海科技日新月异,相关国际公约、各国法律法规、行业标准和规定也在不断进步和完善,本书未尽之处请广大同人和读者批评斧正。

编者
2022年10月

目　录

第一章
概 论

第一节
船舶及船舶火灾的特点

【要点】

作为全球经济快速发展的重要载体,船舶具有吨位大、载货(客)量多、运输成本低廉、续航时间长等优点。然而,由于船舶机器处所的储油柜、输油管等存有大量的燃油、滑油,船舶起居处所拥有大量装饰材料以及船员日常生活用品,船载货物中也存在可(易)燃货物,这就使得船舶存在较大的火灾隐患。因此,了解和掌握船舶的特点及船舶火灾的特点,对于保障船舶的安全营运有着极为重要的意义。

【必备知识】

一、船舶的特点

船舶作为水上交通运输的重要工具,在国际贸易往来中发挥着重要的作用。按照用途的不同,船舶可以分为客船、货船、渔业船舶、工程船舶、特种船舶等。货船又可以细分为杂货船、集装箱船、散货船、油船、液化气船、液体化学品船等。虽然不同种类的船舶,其结构形式、建造材料、设备的配备以及所承运的货物均不相同,但从消防安全的角度来看,船舶都具有以下特点:

1. 可燃物多

船上的可燃物较多,主要体现在三个方面:

(1)船舶载运大量的可(易)燃物。随着船舶大型化趋势的发展,其承载能力大幅度提升,载运货物中有较多的可(易)燃货物。

(2)船舶燃油储量较大。为了保证船舶的正常航行,船舶通常会配备足够的燃油和滑油,一般情况下,远洋货船的燃油储量可达船舶载重量的10%。

(3)船舶拥有大量的装饰材料。船舶在建造过程中会使用一定量的装饰材料。另外,为了满足船舶生产和船员生活的实际需求,船舶备品和生活用品也是必需的。

2. 着火源多

能够引发船舶火灾的火源包括机舱、锅炉等高温热表面,明火作业,吸烟,厨房炉灶,机器设备和电气设备,火花以及静电等。

3. 结构复杂

为保证船员正常的工作和生活,需要在有限的船舶空间内布置众多的舱室,这就使得船舶空间紧凑、通道狭窄,不利于人员的疏散以及采取灭火行动。

4. 热传导性能强

现代船舶的船体多为钢质或由其他等效材料制成,这些材料的热传导性能较强。

5. 船舶消防力量相对有限

虽然船舶配备了多种消防设施、设备,如手提式灭火器、移动式灭火器以及固定灭火系统等,但除了水灭火系统外,其他固定灭火系统所配备灭火剂的量通常只能扑灭船舶一个最大舱室的火灾。另外,船舶配备灭火器的数量也相对有限。

二、船舶火灾的特点

1. 易发、频发

船上拥有大量的可(易)燃物,如可(易)燃货物、装饰材料、储备燃油等,一旦遇到火源,极易失火引起火灾甚至爆炸。

2. 易失控蔓延

由于建造船体所采用的材料多为钢板,其具有较强的导热性能,且多数舱室紧邻分布,这就使得一旦船舶失火,火势会迅速从失火处所蔓延至其他处所。

3. 扑灭难度大

船舶火灾扑灭难度较大的原因主要包括:

(1)复杂的船体结构和狭窄的通道严重限制了救援及灭火人员的活动范围,导致火灾难以扑灭。

(2)若船舶在海上航行期间发生火灾,很难获得外部的救援力量。如果船舶正好处在大风浪天气下,外部救援会变得更加艰难。

(3)船舶配备消防设施设备的数量相对有限,一旦用完,无法得到及时补充,进一步增加了火灾扑灭的难度。

4. 易造成严重后果

(1)如果船舶失火后扑救不及时,就会引发较大火灾甚至爆炸,可能导致人员伤亡、船体破损、货物损失或者海洋环境污染,如图1-1-1所示,其损失是巨大的。

(2)船舶在系泊或锚泊期间发生火灾,极易给港口或周围船舶带来严重危害。船舶若在进出港航道航行期间发生火灾,则容易引发交通拥堵。

(3)船舶是一个国家的流动领土,船舶火灾的多发除了对人民生命和国家财产造成不良影响外,还会给国家和船公司带来恶劣的影响。

图 1-1-1 船舶火灾事故

【思考题】

1. 从船舶消防安全角度简述船舶的特点。

2. 简述船舶火灾的特点。

第二节

船舶消防工作

【要点】

要做好船舶消防工作,必须贯彻"预防为主,防消结合"的方针,重在预防。不发生火灾是预防的目的,同时要做好扑灭火灾的一切准备工作。

【必备知识】

一、船舶消防的目的和工作方针

船舶消防安全是船舶安全的重要组成部分,一旦发生船舶火灾,将给人民生命和国家财产带来严重损失。船舶消防的目的是预防和制止火灾的发生和蔓延,并可迅速灭火,将火灾带来的损失降至最低。通过多年来的总结与研究,国际海事组织、各国主管机关以及各航运公司充分认识到:要做好船舶消防工作,必须贯彻"预防为主,防消结合"的方针,同时做好船舶的防火及灭火工作。

二、船舶防火

船舶防火是船舶安全管理的重要内容之一。船舶防火是从船舶建造材料的使用、船舶结构的布置以及消防设施设备的应用等方面来防止和限制火灾的发生和蔓延,除了上述方面,船舶人员还应做好以下工作:

(1)建立船舶防火安全责任制。船长是船舶防火安全的总负责人,大副、轮机长是其部门的安全负责人,全体船员是防火安全的实际执行人。

（2）建立一系列与船舶防火相关的规章制度,例如防火巡逻制度、明火作业操作规程、电气防火安全制度等,并严格执行。

（3）加强船员的防火安全教育,提高其防火安全意识,创建良好的船舶安全文化氛围。

（4）认真做好日常防火工作。例如:做好防火巡查工作,认真检查船舶火灾安全隐患,定期完成消防设备的维护保养工作等。

三、船舶灭火

船舶灭火工作是减少火灾造成的损失的重要途径。为了做好船舶灭火工作,船员应:

（1）掌握船舶消防知识。熟悉燃烧原理,了解不同物质的燃烧特性,并掌握相应的灭火方法。

（2）熟练掌握船舶消防技能,包括灭火器的使用、消防员装备的穿戴、消防射水和固定灭火系统的操作等。

（3）定期进行消防演习训练。船舶应根据SOLAS公约和公司管理体系的相关要求制订船舶消防应急计划,并定期进行消防演习。

船舶防火和船舶灭火是保证船舶消防安全的两个重要手段。两者在消防工作中紧密相连,相互补充。只有把两者紧密结合起来,才能真正达到减小火灾危害的目的。

[思考题]

1. 船舶消防工作应贯彻什么方针?
2. 如何贯彻船舶消防工作的方针?

第二章
燃烧的基本理论

第一节
燃烧条件

[要点]

燃烧是可燃物与氧或其他氧化剂发生剧烈氧化反应的结果,能释放大量的光和热。虽然燃烧的发生离不开可燃物、助燃物(氧化剂)和着火源这三个要素,但在某些情况下,即使同时具备了燃烧的三要素,燃烧也不一定发生。要保证燃烧的发生,除了满足三要素之外,还必须保证三要素的"下限值"以及三者之间的相互作用。

[必备知识]

一、燃烧的概念

通常人们将可燃物与氧或其他氧化剂发生反应,生成新物质并释放热量的过程称为氧化反应。燃烧是一种快速氧化并伴有发光的化学反应,即燃烧是可燃物与氧或其他氧化剂发生的化学反应,其反应特征是发光、放热并生成新物质。需要注意的是:物质燃烧是氧化反应,而氧化反应不一定都是燃烧。比如硫与空气中的氧气发生反应生成二氧化硫,并放出光和热,这属于燃烧。而铁在空气中氧化生成三氧化二铁,这个过程会放出少量热但没有发光现象,所以这种现象只能叫作氧化而不能称为燃烧。

近代链锁反应理论认为燃烧是一种游离基的链锁反应。链锁反应也称为链式反应,即在瞬间进行的循环连续反应。游离基又称自由基,是化合物或单质分子中的共价键在外界因素(如光、热)的影响下,分裂而成的含有不成对电子的原子或原子团。当反应物产生少量的活化中心——游离基时,即可引发链锁反应。游离基与其他物质的分子反应生成新的游离基的过程称为链传递。当游离基全部结合为稳定的分子时,链锁反应就会终止,燃烧也就停止了。

二、燃烧的必要条件

一般来说,燃烧的发生离不开三个必要条件——可燃物、助燃物以及着火源。这三个必要条件又常被称为燃烧的三要素。通常用燃烧三角形来表征三要素与燃烧的关系,如图 2-1-1 所示。

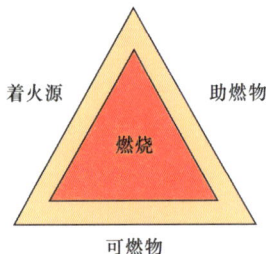

图 2-1-1　燃烧三角形

1. 可燃物

凡是能与空气中的氧或者其他氧化剂发生燃烧反应的物质都称为可燃物。根据物理形态的不同,可燃物可分为可燃固体、可燃液体和可燃气体三类。

一般情况下,可燃气体最易燃烧,燃烧的速度也较快;可燃液体在燃烧过程中并不是液体本身在燃烧,而是液体受热时蒸发出来的气体被分解、氧化达到燃点而燃烧;可燃固体在燃烧之前,也必须转化成蒸气状态,即在高温作用下产生化学分解,生成的蒸气与空气充分混合并加热到燃点引起燃烧。

2. 助燃物

能够与可燃物发生燃烧反应的物质称为助燃物。虽然助燃物本身不能燃烧,但是没有助燃物,就不能产生剧烈的燃烧现象。助燃物主要分为两大类:一类是氧气,另一类是氧化剂。氧气本身不会燃烧,但没有氧气就不会发生剧烈的氧化反应,也就没有燃烧,所以氧气为助燃物。另外像氯气、过氧化钠或高锰酸钾等氧化剂在一定的条件下也会像空气中的氧气一样与可燃物结合,发生剧烈的氧化反应而产生燃烧,所以它们也是助燃物。

3. 着火源

能引起可燃物与助燃物发生燃烧反应的热能源称为着火源。船舶上常见的着火源包括:明火、高温热表面、热工作业、机械热能、火花、静电等。

4. 燃烧四面体

虽然燃烧三角形能够阐明燃烧所需的三个要素,但它不能很好地解释燃烧的特性以及相应的灭火原理。近代链锁反应理论很好地解释了燃烧能够持续的原因。因此,为了更全面地展示燃烧的原理及过程,研究学者构建了燃烧四面体,如图 2-1-2 所示。燃烧四面体的四个面分别代表可燃物、助燃物、着火源和链锁反应。四面体的每个面都与其他三个面相接触,说明四者缺一不可,去掉四个面中的一个或多个,燃烧就会停止。

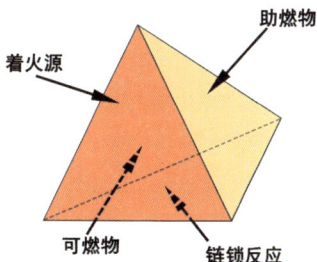

图 2-1-2　燃烧四面体

三、燃烧的充分条件

在某些情况下,虽然具备了可燃物、助燃物和着火源这三个要素,但是燃烧也不一定能够发生。要发生燃烧,必须同时具备下列条件:

1. 一定浓度的可燃物

只有当可燃气体或可燃液体、可燃固体挥发的可燃蒸气与空气混合达到一定浓度时,才能发生燃烧或爆炸。如在常温下,用火柴去点燃汽油和柴油时,汽油会立即燃烧,而柴油不会立即燃烧,这是因为柴油在常温时的蒸气量并没有达到燃烧所需要的浓度,所以,虽然有足够的氧气含量及着火源,也不能发生燃烧。

2. 一定的氧气含量

只有满足可燃物燃烧所需的最低氧气含量,燃烧才能够发生。需要注意的是,不同可燃物发生燃烧时,所需要的最低氧气含量也不同。部分可燃物燃烧所需的最低氧气含量见表 2-1-1。

表 2-1-1　部分可燃物燃烧所需的最低氧气含量

物质名称	氧气含量	物质名称	氧气含量
汽油	14.4%	乙醚	12.0%
乙醇	15.0%	橡胶粉	13.0%
煤油	15.0%	棉花	8.0%
丙酮	13.0%	氢气	5.9%

3. 一定的着火能量

只有达到可燃物燃烧所必需的最低着火能量,燃烧才能发生。不同的可燃物所需要的着火能量不同,低于这个能量就不能使可燃物发生燃烧。如点燃的火柴可以轻易地点燃汽油、柴草和刨花,但不能点燃一块木板,这说明这种火虽有相当高的温度(约600 ℃),但缺乏足够的能量,因而无法将木板点燃。

4. 相互作用

只有上述要求的三要素之间相互结合、相互作用,燃烧才会发生和持续。

综上所述,只有同时满足一定浓度的可燃物、一定的氧气含量、一定的着火能量这三个条件,且它们相互结合、相互作用,燃烧才能发生。理解燃烧的充分条件,有利于我们掌握灭火的知识和技能。

【思考题】

简述燃烧发生的充分条件。

第二节
燃烧类型

【要点】

燃烧类型是指具有共同特征但表现形式不同的燃烧现象。掌握不同燃烧类型发生的条件,对预防火灾的发生和有效扑灭火灾有重大的指导意义。

【必备知识】

根据燃烧所表现的不同形式,燃烧可分为闪燃、自燃、着火和爆炸四种类型。

一、闪燃

1. 闪燃的定义

闪燃是指在一定温度下,可燃液体(包括可熔化的少量固体,例如石蜡、樟脑和萘等)蒸发的可燃蒸气与空气混合后,达到一定浓度,遇明火产生一闪即灭(5 s以内)的现象。

闪燃发生的原因是在既定温度下,可燃液体蒸发的速度较慢,来不及补充新的蒸气以维持稳定的燃烧,蒸发出来的蒸气仅能维持一刹那的燃烧,所以,燃烧一下就熄灭了。

2. 闪点

闪点是指能够发生闪燃的最低温度。闪点是在规定的试验条件下,液体表面上的蒸气与空气混合接触火源时首次发生蓝色闪光的温度,它可在标准仪器中测量出来。闪点测定的方法有开杯式和闭杯式两种。其中,开杯式用于测定高闪点液体的闪点,闭杯式用于测定低闪点液体的闪点。

3. 闪点的应用

(1)闪点是评定液体火灾危险性的主要依据。通常情况下,闪点越低的易燃液体,发生火灾的隐患越大。

(2)闪点可以应用于可燃液体的生产、运输及仓储等工作环节。《国际海运危险货物规则》按包装要求将易燃液体划分为三类,如表2-2-1所示。

表 2-2-1 《国际海运危险货物规则》中易燃液体的分类

包装类	闪点/℃	初沸点/℃
Ⅰ	—	≤35
Ⅱ	<23	>35
Ⅲ	≥23且≤60	>35

对于易燃液体,应根据其闪点按类型对其进行生产、运输及仓储等环节的管理;对于

未标注闪点的可燃液体,应按最危险等级液体进行管理。

二、自燃

1. 自燃的定义

自燃是指可燃物质在空气中未接触明火源,在一定条件下发生的自行燃烧现象。

2. 自燃点

可燃物能够发生自燃的最低温度称为自燃点。部分可燃物在空气中的自燃点如表 2-2-2 所示。

表 2-2-2　部分可燃物在空气中的自燃点

物质	自燃点/℃	物质	自燃点/℃
汽油	415～530	煤油	210
石油	约 350	二硫化碳	112
氢气	572	木材	250～350
一氧化碳	609	褐煤	250～450
木炭	350～400	乙烷	248
辛烷	218	棉纤维	530
乙炔	305	甲醇	498
苯	580	乙醇	470
锌	680	镁	520

3. 分类

根据着火源的不同,自燃可分为自热自燃和受热自燃两种。

(1)自热自燃是指有些可燃物在没有外来热源作用下,由于其本身内部的生物、物理或化学作用而产生热,在一定的条件下,积热不散,温度逐渐升高,达到该物质的自燃点而发生的自行燃烧的现象,也称本身自燃。

某些可燃物的自热自燃能在常温下发生,应予以特别注意。常见的能发生自热自燃的物质如下:

①植物产品:稻草、麦芽、树叶、甘蔗渣、锯末和棉籽等。

②油脂及制品:主要是植物油和动物油黏附于植物纤维或其制品上,如油布、油纸及其制品等。

③煤:除无烟煤之外的烟煤、褐煤和泥煤。自燃主要是由煤的呼吸和氧化作用以及热交换而引起的。煤的粉碎程度、湿度、挥发物的含量以及单位体积的散热量对煤的自燃影响都很大。

④硫化铁:主要是硫铁矿以及金属油罐、油舱受腐蚀而生成的硫化铁等。

(2)受热自燃是指可燃物在外部热源(未接触明火)的作用下,其温度达到自燃点而发生自行燃烧的现象。引起受热自燃的原因有:接触热的物体、摩擦生热、化学热效应、辐射热等。

三、着火

1. 着火的定义

可燃物在一定条件下遇明火源而产生的一种持续(5 s以上)燃烧的现象,称为着火。

2. 着火点

着火点又称为燃点,是指产生燃烧现象所需要的最低温度。部分可燃物的燃点如表2-2-3所示。燃点具有以下特性:

(1)所有可燃液体的燃点都高于其相应的闪点。

(2)易燃液体的燃点比其闪点高出1~5 ℃;易燃液体的闪点越低,差值也就越小。

表 2-2-3　部分可燃物的燃点

物质	燃点/℃	物质	燃点/℃
纸张	130~230	木材	250~300
松节油	53	麦草	200
蜡烛	190	赛璐珞	100
豆油	220	醋酸纤维	320
棉花	210~255	腈纶	355
麻绒	150	聚乙烯	341
胶布	325	硫	207
布匹	200	黄磷	34
樟脑	70	天然橡胶	235

3. 燃点的应用

(1)由于易燃液体燃点的特性,在无法获取易燃液体闪点时,也可以用燃点表征其发生火灾的危险程度。

(2)对于可燃固体和闪点较高的可燃液体来说,控制其温度低于燃点,是预防该物质着火的有效措施之一。

四、爆炸

1. 爆炸的定义

爆炸是指物质从一种状态迅速转变成另一种状态,同时释放大量能量,并伴有声响的现象。

2. 爆炸的分类

根据爆炸过程不同,爆炸可以分为物理爆炸、化学爆炸以及核爆炸三种。船舶营运过程中常见的爆炸形式是气体爆炸和粉尘爆炸,它们均属于化学爆炸类型。

3. 爆炸极限

可燃气体(蒸气)或可燃性粉尘与空气充分混合遇火源能够发生爆炸的最低浓度,称为爆炸浓度下限,也称爆炸下限;遇火源能够发生爆炸的最高浓度,称为爆炸浓度上限,也称爆炸上限。爆炸上限和爆炸下限之间的范围称为爆炸区间。只有可燃物浓度处于爆炸上限和下限之间时,爆炸才会发生。不同可燃物的爆炸极限也不相同,部分可燃气体(蒸气)的爆炸极限如表 2-2-4 所示。

表 2-2-4 部分可燃气体(蒸气)的爆炸极限

物质	爆炸下限	爆炸上限	物质	爆炸下限	爆炸上限
氢气	4.0%	75.0%	乙烯	2.75%	34.0%
乙炔	2.5%	82.0%	丙烯	2.0%	11.0%
甲烷	5.0%	15.0%	氨	15.0%	28.0%
乙烷	3.0%	12.45%	环丙烷	2.4%	10.4%
丙烷	2.1%	9.5%	一氧化碳	12.5%	74.0%
乙醚	1.9%	40.0%	丁烷	1.5%	8.5%

4. 最小点火能量

每一种爆炸混合物都有一个起爆的最小点火能量,低于该能量,混合物就不会爆炸。掌握各种气体混合物爆炸所需要的最小点火能量,对判断在有爆炸危险的场所哪种火源能引起爆炸事故具有重要的意义。

5. 影响爆炸极限的因素

同一种可燃气体和液体蒸气的爆炸极限会受温度、压力、氧气含量、容器的体积以及点火能量等因素的影响。

(1)温度:初始温度升高,则爆炸下限会降低,爆炸上限会提高,爆炸区间会扩大,爆炸的危险性就会变大。

(2)压力:混合气体在压力条件下的爆炸下限无明显变化,但爆炸上限一般都会有明显提高。当混合气体的原始压力减小时,爆炸区间将缩小;当压力降低到某一数值时,爆炸上限和爆炸下限会合成一点,压力再降低,就不会发生爆炸。这一最低压力就称为爆炸的临界压力。

(3)氧气含量:混合气体中氧气含量增加,爆炸区间就会扩大;反之,爆炸区间就会缩小。如掺入氮气或二氧化碳等不燃的惰性气体,混合气体中氧浓度降低,爆炸的危险性就会减小。油船货舱充灌惰性气体,就是利用此原理防止爆炸。

(4)容器的体积:容器的直径越小,火焰在其中的蔓延速度越慢,爆炸极限范围也越小。

(5)点火能量:若火源强度高,热表面积大,且与混合气体接触时间长,就会使爆炸区间扩大,使爆炸的危险性变大。

【思考题】

1. 燃烧的类型有哪些?

2. 什么是闪点?闪点在消防安全方面的应用有哪些?

3. 什么是爆炸极限?其影响因素有哪些?

第三节
火灾的危险

【要点】

船舶一旦发生火灾,除了火焰燃烧本身的威胁外,还会产生大量的热量和有毒气体,给船员的生命安全和船舶安全带来巨大的危险。因此,了解和掌握船舶火灾的危险,有利于船员提高自我保护的安全意识,在自救、灭火或救助他人的过程中,能够采取合适的防护措施,保障自身及他人的生命安全。

【必备知识】

一、火焰的危害

火焰是燃烧的重要表现形式。船员直接接触火焰可导致皮肤被烧伤,火焰产生的烟雾会严重损害呼吸道。为了防止身体在火灾中受到伤害,船员应与火源保持安全距离,必要时穿戴消防员装备。

二、缺氧

火灾发生后,可燃物的燃烧会消耗大量的氧气,降低了船舶舱室内的氧气含量。人生理正常所需要的氧浓度应大于 16%,而燃烧场所中的氧气含量往往低于此数值。有关试验表明:当空气中氧气含量降低到 15% 时,人的肌肉活动能力下降;降到 10%～14% 时,人就四肢无力,思维混乱,辨不清方向;降到 6%～10% 时,人就会晕倒;低于 6% 时,短时间内,人就会死亡。

三、热量的危害

船舶一旦发生火灾,燃烧区域内的温度会迅速上升。直接接触受热空气可能会导致人员脱水、烧伤和呼吸道损伤,甚至死亡。

四、燃烧产物的危害

可燃物在与空气中的氧气发生剧烈的化学反应时,产生的气体、蒸气和固体物质,称为燃烧产物。燃烧产物的成分取决于可燃物的化学结构和燃烧条件。如果燃烧时氧气含量充足,温度高于燃点,则为完全燃烧,其燃烧产物包括二氧化碳、水蒸气、含硫气体等。如果氧气含量不足或温度不稳定且低于燃点,则为不完全燃烧,其产物为一氧化碳、烟、焦炭等。

1. 气体

许多燃烧产物是有毒有害气体,往往会使人中毒甚至死亡。据统计,约有 80% 的人因吸入火灾中的有毒气体而死亡。

(1)二氧化碳能使人窒息,当空气中二氧化碳的含量为 5% 时,人就会呼吸困难;当空气中二氧化碳的浓度达到20%时,人就会在短时间内死亡。

(2)一氧化碳为一种无色无味的有毒可燃气体,其在空气中的含量只要达到很低的浓度(约0.05%),人就有中毒的危险;其浓度达到0.5%~1%时,就能在5 min内致人死亡。

(3)火灾还会产生大量其他的有毒气体,如氯化氢、氰化氢、硫化氢、丙烯醛等,人员一旦吸入,就会引发中毒,甚至死亡。

2.烟

烟是燃烧的可见产物,主要由碳和其他未燃烧的物质组成。当烟雾扩散时,由于烟雾粒子的遮蔽,可见光会大大减弱,导致能见度大大降低。同时,大量的浓烟也会增加人员的心理恐惧感,使人惊慌失措,不利于火场区域的安全疏散。

【思考题】

火灾的危险有哪些?

第四节

火的蔓延

【要点】

火的蔓延实际上是热量的传递过程。为了防止火的蔓延,必须有效控制热量的传递途径。

【必备知识】

除了火焰直接接触外,热传递还有三种途径:热传导、热对流、热辐射。

一、热传导

1.定义

热量通过直接接触的物体从温度较高的部位传递到温度较低的部位,称为热传导。其实质是通过组成物质的分子或原子的振动实现的。

2.影响热传导的因素

不同物质的热传导能力不同。固体物质是较强的热导体,固体中又以金属的导热性最强;其次是液体物质;气体物质最弱。一般金属物质较非金属物质导热性强,如钢材的导热性是木材的350倍,铝的导热性是木材的1 500~2 000倍。

影响热传导的因素有温度差、导热系数、导热物体的厚度(距离)和截面积、时长等。

3.热传导与火灾的关系

在火灾的初期阶段,对火的蔓延起主要作用的是热传导。热可以通过物体从一处传到另一处,有可能引起与其接触的可燃物燃烧,如图2-4-1所示。导热系数大的物体(如金属)更容易导致火的蔓延。在扑灭火灾的过程中,应对被加热的金属物体和管道进行冷却;清除与被加热金属材料或物体靠近的可燃物,或者用隔热材料将可燃材料与被加热的金属物隔开。

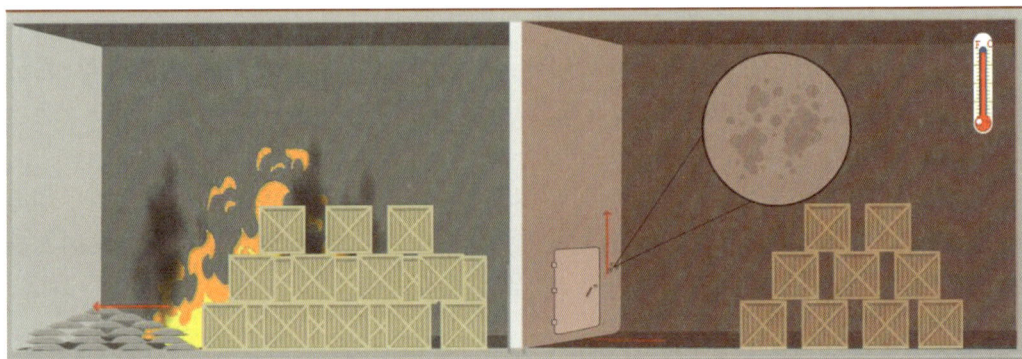

图 2-4-1　船舶的热传导

二、热对流

1. 定义

热通过流动介质由空间中的一处传到另一处的现象,称为热对流。根据流动介质的不同,热对流可分为气体对流和液体对流。就引起对流的原因而言,热对流有自然对流和强制对流两种。自然对流是由于流体各部分的密度不同而引起的。例如,热设备附近空气受热膨胀向上流动以及火灾中热气体(主要是燃烧气态产物)上升流动,而冷(新鲜)空气的流动方向与其相反。强制对流是通过鼓风机、压气机和泵,使气体、液体强制对流。发生火灾时,如果通风机械还在运行,就会导致火的蔓延。

2. 影响热对流的因素

影响热对流的主要因素有通风孔洞的面积和高度、温度差、通风孔洞所处位置的高度等。

3. 热对流与火灾的关系

热对流是火灾快速发展阶段最主要的影响因素。热气流的密度较小,因而通常是向上流动的。如热气流遇到天花板或顶棚,则其改垂直对流为水平扩散,向周围区域或舱室蔓延。天花板或顶棚在热量积聚到一定程度后,便会燃烧,从而将火从起火舱室蔓延至其他区域。

如上方没有天花板或顶棚,热气流会一直向上流动,使原来的区域因热气流流失而形成低压区。由于压力差的存在,附近密度较大的冷空气被吸入,从而为可燃物燃烧提供了新鲜的空气,助长了火的蔓延,如图 2-4-2 所示。这就是烟囱效应的原理。

图 2-4-2　船舶的热对流

三、热辐射

1. 定义

以电磁波的形式向周围传递热量的现象,称为热辐射。这种热射线是肉眼看不见的,但我们可以感受到它的存在及其强度的大小。任何物体(气体、液体、固体)都能把热量以电磁波的形式辐射出去,同时也能吸收别的物体辐射出来的热量。热辐射不需要通过任何介质,在真空中也能发生。当有两个不同温度的物体并存时,温度较高的物体将向温度较低的物体辐射热量,直到物体温度渐趋平衡。船舶货舱的热辐射如图 2-4-3 所示。

图 2-4-3　船舶货舱的热辐射

2. 热辐射与火灾的关系

在火灾的全面发展阶段,热传递的主要方式为热辐射。热辐射的热量和火灾温度的四次方成正比(燃烧物温度越高,辐射强度越大)。被辐射物的受热量与它和放射物的距离的平方成反比(距离近,受热多;距离远,受热少)。热辐射传递的热量可使被辐射物自燃。

【思考题】

简述火蔓延的方式及各自与火灾的关系。

第三章
火(灾)的种类及适用灭火剂

第一节
火(灾)的种类及特点

【要点】

不同的物质具有不同的理化特性,其燃烧时所表现出来的特征也不相同。只有了解了火(灾)的种类及各自特点,才能选择合适的灭火剂和灭火方法,将火扑灭。

【必备知识】

一、定义

(1)火是以释放热量并伴有烟或火焰或两者兼有为特征的燃烧现象。

(2)火灾是在时间或空间上失去控制的燃烧所造成的灾害。也就是说,凡是失去控制并造成了人身和(或)财产损害的燃烧现象,均可称为火灾。

火和火灾是不同的概念,但两者之间又紧密相连。

二、火灾的种类及特点

根据可燃物的类型和燃烧特性,火灾分为 A、B、C、D、E、F 六类。

1. A 类火灾

A 类火灾是指可燃固体物质火灾,如木材及木制品、棉花、纸、布、塑料、橡胶、煤炭等物质引起的火灾。由于船舶生活区拥有大量可燃固体,这使得生活区成为 A 类火灾经常发生的区域。船舶生活区船员房间内的常见可燃固体如图 3-1-1 所示。

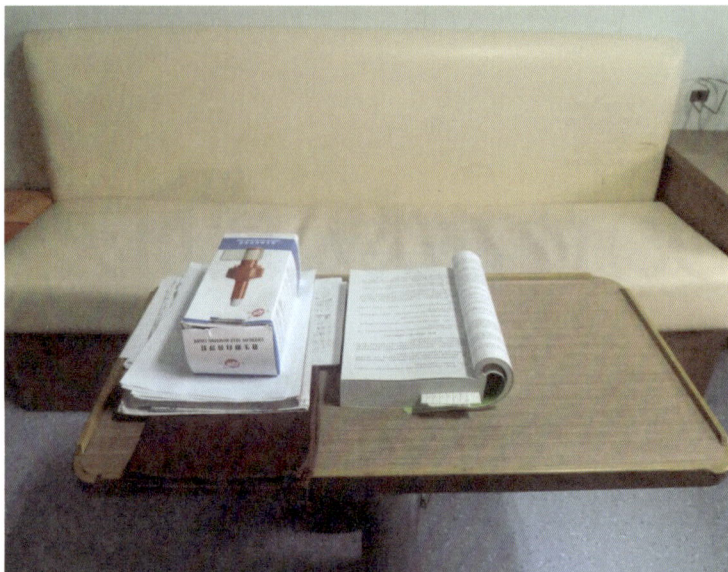

图 3-1-1　船员房间内的常见可燃固体

　　A 类火灾的特点是燃烧不仅发生在可燃物表面,而且能深入可燃物内部。灭火时,如果只扑灭表面明火,而未充分处理其内部余热,则容易复燃。

2. B 类火灾

　　B 类火灾是指液体或可熔化的固体物质火灾,如船舶燃油、滑油、油漆及酒精等引起的火灾。船舶的燃油、滑油等可燃液体通常储存于机舱区域,这也是机舱经常发生火灾的主要原因之一。图 3-1-2 所示为船舶分油机间和燃油柜。

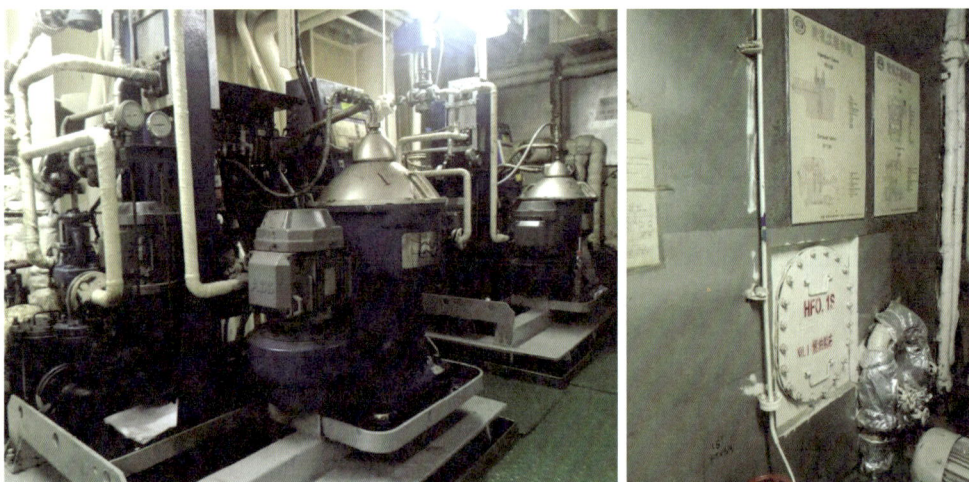

图 3-1-2　船舶分油机间和燃油柜

　　B 类火灾的特点是火只限于表面燃烧,但燃烧速度快,温度很高,有爆炸的危险。

3. C 类火灾

　　C 类火灾是指气体火灾,如液化石油气、天然气及各种可燃性气体所引起的火灾。

　　C 类火灾的特点是具有较强的易燃易爆性,爆炸的危险性比 B 类火灾大。船舶上常见的可燃气体如图 3-1-3 所示。

图 3-1-3　船舶上常见的可燃气体

4. D 类火灾

D 类火灾是指金属火灾,如钾、钠、镁、铝镁合金等引起的火灾。轻金属钠如图 3-1-4 所示。

图 3-1-4　轻金属钠

D 类火灾的特点是燃烧温度极高,有的可以达到 3 000 ℃以上,并且在高温下金属性质非常活泼,能与水、二氧化碳、氮、卤素及含卤化合物发生化学反应。

5. E 类火灾

E 类火灾是指带电火灾,即物体带电燃烧的火灾,如电机等电气设备着火引起的火灾。船舶电气设备如图 3-1-5 所示。

图 3-1-5　船舶电气设备

E类火灾的特点是燃烧物具有带电性。在灭火时,应首先考虑切断电源,断电后的火灾可以作为A类火灾看待。

6.F类火灾

F类火灾是指烹饪器具内的烹饪物(如动植物油脂)火灾。厨房烹饪失火如图3-1-6所示。

图3-1-6　厨房烹饪失火

F类火灾的特点:

(1)灭火过程中,可燃物温度难以降低。由于可燃物的自燃点较高,一旦发生自燃,很难将厨具内的大量油脂冷却降温。

(2)易复燃。食用油一旦发生火灾,燃烧速度较其他可燃液体燃烧更快,2 min后油面温度可达400 ℃。食用油在温度超过350 ℃时会发生化学反应,生成自燃温度为65 ℃的可燃物。因此,即使将火扑灭,如果不能将厨具内油温迅速降低,那么油很快便会复燃。

(3)易扩散蔓延。试验表明,油脂着火后8 s内就达到稳定燃烧状态,燃烧强度大,发烟较多,具有较强的热辐射能力,能够迅速引燃厨房内其他可燃物。

【思考题】

简述火灾种类及各自特点。

第二节
灭火的方法及原理

【要点】

燃烧必须同时具备三要素,并且这三要素还得相互结合、相互作用。而灭火的原理就是使这三个要素不同时存在或者相互不发生作用,故灭火方法主要有隔离法、窒息法、冷却法、抑制法(又称化学中断法或中止法)等。

【必备知识】

一、隔离法

隔离法就是将可燃物从燃烧区域及其附近移走,中断可燃物的供给,从而使燃烧停止的方法。具体方法有:

(1)迅速将燃烧的可燃物转移到安全地点或投入海中。

(2)将未燃烧的可燃物从燃烧区域附近移走。

(3)关闭可燃气体或可燃液体的阀门。

(4)撤除火场附近的可燃、易燃和易爆物品。

(5)设法阻拦流散的易燃、可燃液体等。

隔离法如图 3-2-1 所示。

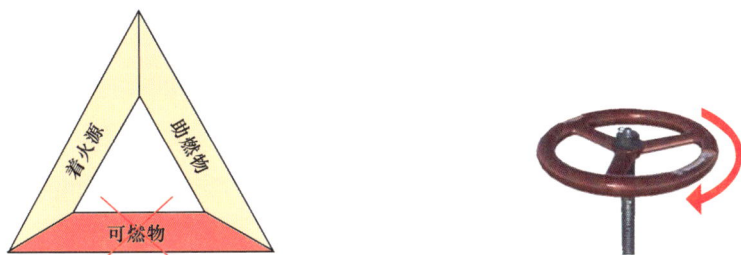

图 3-2-1　隔离法

二、窒息法

窒息法是指降低燃烧过程中氧气的含量,使燃烧缺氧而达到灭火目的的方法。窒息法包括两种方式:

(1)隔绝氧气窒息法:通过将防火毯或泡沫等物质覆盖在燃烧物表面,使可燃物与空气隔开,从而达到灭火目的的方法。

(2)稀释氧气窒息法:向燃烧的舱室或容器灌入二氧化碳等惰性气体,以降低燃烧区域氧气的含量来达到灭火目的的方法。

窒息法如图 3-2-2 所示。

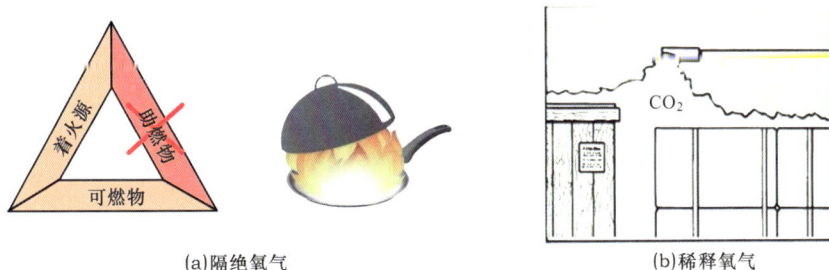

(a)隔绝氧气　　　　　　　　　　(b)稀释氧气

图 3-2-2　窒息法

三、冷却法

冷却法是指降低可燃物的温度,使其温度低于燃点从而使燃烧停止的方法。如将水、二氧化碳等直接喷在燃烧物上来降温灭火;或者用水对火源附近的可燃物进行喷射来降低其温度,从而阻止火的蔓延。冷却法如图3-2-3所示。

图 3-2-3　冷却法

四、抑制法

抑制法又称化学中断法,是将灭火剂加入燃烧物中,在捕获助燃游离基的同时,产生稳定的游离基,从而达到终止燃烧的目的。例如,使用干粉灭火剂扑灭可燃气体火灾就属于此种灭火方法。

综上所述,隔离法是针对可燃物的灭火方法,窒息法是针对助燃物的灭火方法,冷却法是针对着火源的灭火方法,抑制法是针对燃烧过程中的链锁反应的灭火方法,这与灭火原理中三要素不同时存在或者相互不发生作用是相匹配的。

【思考题】

简述灭火的方法及灭火原理。

第三节

灭火剂

【要点】

在燃烧过程中,能有效地破坏燃烧条件达到中止燃烧目的的物质,称为灭火剂。现在常用的灭火剂有水、泡沫、干粉、二氧化碳等。另外,随着全球环境保护意识的不断增强,世界各国开始着手新型灭火剂的研发工作,并取得了不错的进展。

【必备知识】

一、灭火剂——水

1. 水的灭火原理

(1)冷却作用

冷却是水的主要灭火作用。水的比热容和汽化热数值均较大,因此向燃烧区域射水后,水与炽热的燃烧物接触,被加热并发生汽化,整个过程中吸收大量的热,从而降低了燃烧物质及周围环境的温度,最终使燃烧停止。

(2)窒息作用

水吸收大量的热变成水蒸气,大量水蒸气的产生会排挤和阻止空气进入燃烧区,从而降低了燃烧区内氧气的含量,最终使燃烧停止。

试验表明,当空气中的水蒸气体积含量达到35%时,大多数燃烧都会停止。1 kg的水变成水蒸气时的抑燃空间可达 5 m³,有良好的窒息灭火作用。

(3)稀释、乳化及浸润作用

稀释、乳化及浸润作用是针对不同可燃物,从降低可燃物可燃蒸气蒸发的角度减弱燃烧强度的。

①消防水附着于固体可燃物表面,从而使可燃物得到浸润,有效地降低了可燃物挥发可燃蒸气的可能性,从而达到防止火的蔓延甚至灭火的目的。

②对于水溶性(能够与水互相溶解)可燃液体火灾,消防水的加入能够降低可燃液体的浓度,从而降低了可燃液体的蒸发速度,减弱燃烧的强度;当可燃液体浓度被稀释到燃烧所需浓度之下时,燃烧就会停止。

③当喷雾水以一定的速度喷向黏性的非水溶性可燃液体表面时,由于雾状水流的冲击作用,可燃液体表面会形成相对稳定的"乳化层",从而减少了可燃液体的蒸发量,使燃烧停止。

(4)冲击作用

在船舶消防泵的作用下,直流水枪射出的密集水流具有强大的冲击力和动能。高压水流强烈地冲击燃烧物和火焰,可冲散燃烧物,使燃烧强度显著减弱;还可冲断火焰,使之熄灭。

2. 灭火适用对象

(1)水可用于扑灭普通固体物质火灾。

(2)对于可燃液体火灾,优先选择其他更好的灭火剂。若水溶性的可燃液体着火,如果其密度比水大,闪点较高时,可以用水扑灭;若密度比水小的可燃液体着火,禁止直接用水扑灭。

(3)对于可燃气体火灾,不能用水直接扑灭,建议用水冷却周边的舱壁和甲板。

(4)水不能直接扑灭金属火灾。

(5)不能用水扑灭带电设备火灾。

3. 灭火注意事项

(1)不能直接用水扑灭储存三酸(硫酸、硝酸、盐酸)处所的火灾,因为水与酸液接触会引起酸液发热飞溅,危害严重。

（2）避免用水扑灭橡胶、褐煤等很难浸透的燃烧物质引起的火灾，因为灭火效果差。

（3）避免用水扑灭可燃粉尘聚集处所的火灾，因为容易导致可燃粉尘悬浮，引发爆炸。

（4）不能用水扑灭碳化钙（电石）引起的火灾，因为碳化钙遇水会生成易燃气体乙炔，放热、易爆炸。

（5）使用消防水扑灭火灾时，要考虑水对船舶稳性和船体强度的影响。

二、灭火剂——泡沫

泡沫灭火剂是指能够与水混溶，并可通过化学反应或机械方法产生灭火泡沫的灭火剂。泡沫是一种体积较小、表面被液体包围的气泡群。火场中所使用的灭火泡沫是由泡沫灭火剂的水溶液，通过物理、化学作用，填充大量气体（二氧化碳或者空气）后形成的。

1. 泡沫灭火剂的分类

（1）按照泡沫的生成机理，泡沫灭火剂可分为化学泡沫灭火剂和空气泡沫灭火剂两大类。现代船舶上使用较多的是空气泡沫灭火剂。

（2）按照发泡倍数，泡沫灭火剂可分为低倍数泡沫灭火剂、中倍数泡沫灭火剂和高倍数泡沫灭火剂三类。

①低倍数（低膨胀率）泡沫灭火剂的发泡倍数一般在20倍以下。

②中倍数（中膨胀率）泡沫灭火剂的发泡倍数一般为20~200倍。

③高倍数（高膨胀率）泡沫灭火剂的发泡倍数一般为200~1 000倍。

（3）按照用途，泡沫灭火剂可分为普通泡沫灭火剂和抗溶性泡沫灭火剂两类。

①普通泡沫灭火剂适用于扑灭A类火灾和B类火灾中非可溶性液体火灾。

②抗溶性泡沫灭火剂适用于扑灭A类火灾和B类火灾中可溶性液体火灾。

（4）按照发泡剂类型，泡沫灭火剂可分为蛋白泡沫灭火剂、氟蛋白泡沫灭火剂、水成膜泡沫灭火剂、合成泡沫灭火剂等。

2. 泡沫的灭火原理

（1）窒息作用

灭火器喷出的泡沫可以在液体表面形成稳定的泡沫覆盖层，从而隔绝外界空气并阻止可燃蒸气的挥发，起到窒息灭火的作用。窒息作用是泡沫最主要的灭火作用。

（2）冷却作用

泡沫中含有水分，对可燃物表面起到一定的冷却作用，并能抑制可燃、易燃液体的蒸发速度。

（3）稀释作用

泡沫中析出的水分经加热、汽化后形成水蒸气，对空气中的氧气有一定的稀释作用。

3. 灭火适用对象

（1）泡沫可用于扑灭普通固体物质火灾。

（2）泡沫可用于扑灭可燃液体火灾。需要注意的是，对于水溶性可燃液体火灾，应选择抗溶性泡沫。

（3）通常情况下，泡沫不适用于扑灭可燃气体火灾。

（4）泡沫不可用于扑灭金属火灾。

(5)泡沫不可用于扑灭带电设备火灾。

4.灭火注意事项

(1)使用泡沫灭火剂时不能同时使用水,因为两者同时使用会破坏泡沫层。

(2)泡沫灭火剂能够扑灭 A 类火灾的表面明火,但对其内部的火无法扑灭,想要彻底扑灭内部的火,必须辅以水。

三、灭火剂——干粉

干粉是一种干燥、易于流动的微细固体粉末。它由灭火基料(如碳酸氢钠、碳酸氢钾、氯化钾、硫酸钾、磷酸铵或磷酸铵盐等)与适量流动促进剂和防潮剂等添加剂(如滑石粉、云母粉、石英粉、硬脂酸镁、磷酸钙等)等组成。其中,基料为各种灭火剂,含量一般在90%以上;添加剂都是一些疏水性物质,通过这些疏水性物质的机械隔离作用与在无机盐粉粒表面形成疏水膜来改变干粉的吸湿性,从而增强干粉的抗结块能力与流动性,含量一般在10%以下。干粉灭火剂的优点是:灭火效力大、速度快、无毒、不腐蚀、不导电且久储不变质等。

1.干粉灭火剂的灭火原理

(1)抑制作用

干粉灭火剂的主要灭火作用是化学抑制作用。当使用干粉灭火剂时,干粉能捕获大量的游离基"H^+"和"OH^-",致使燃烧的反应链终止,从而使燃烧停止。

(2)遮断热辐射

由于干粉的相对密度较大,干粉在喷出后能够覆盖在燃烧物体的表面,从而有效地降低残存火焰对燃烧物表面的热辐射。此外,磷酸盐等化合物可使燃烧固体表面炭化,从而减弱燃烧的强度。

(3)稀释作用

在高温环境下,干粉灭火剂会发生一系列的分解反应,产生二氧化碳、水蒸气等气体,从而稀释了燃烧区域内氧气的浓度。

此外,在高温作用下,干粉灭火剂还会由于烧爆现象爆裂成更小的微粒,大大增加了干粉与火焰的接触面积,从而提高了干粉灭火剂的灭火效果。

2.灭火适用对象

(1)通常情况下,干粉灭火剂只能扑灭普通固体的表面火灾,但要熄灭可燃物内部的火,必须辅以水。

(2)干粉灭火剂可用于扑灭可燃液体火灾。

(3)干粉灭火剂可用于扑灭可燃气体火灾。

(4)对于金属火灾,不能使用普通干粉灭火剂,应选用金属干粉灭火剂。

(5)干粉灭火剂可用于扑灭带电设备火灾。

3.灭火注意事项

(1)干粉灭火剂不适用于扑灭能够自身供氧或释放氧的化合物的火灾,例如硝酸纤维、过氧化物等的火灾。

(2)虽然干粉灭火剂能够扑灭带电设备火灾,但不能用于扑灭精密仪器设备和贵重电气设备的火灾。

（3）使用干粉灭火剂时，应加强保护，防止干粉进入人的口腔、鼻腔及眼睛等部位。

四、灭火剂——二氧化碳

1. 灭火浓度

灭火浓度是评价二氧化碳灭火剂的灭火效能的一个指标。对于普通固体物质火灾，用二氧化碳扑灭时，其浓度要达到30%以上；对于可燃液体或者类似物质的火灾，用二氧化碳扑灭时，其浓度要达到40%以上。

2. 二氧化碳的灭火原理

（1）窒息作用

窒息作用是二氧化碳灭火的主要作用。当二氧化碳被施放到失火区域时，二氧化碳会迅速汽化，大量的二氧化碳气体会稀释燃烧区域的氧气浓度。当氧气浓度低于可燃物燃烧所需的浓度时，燃烧就会终止。

（2）冷却作用

平时二氧化碳是被加压储存在钢瓶中的，二氧化碳在被施放时会产生汽化现象，并吸收一定的热量，从而降低周围环境的温度。

3. 灭火适用对象

（1）二氧化碳可用于扑灭普通固体的表面火灾。

（2）二氧化碳可用于扑灭可燃液体火灾。

（3）二氧化碳可用于扑灭初期的可燃气体火灾。

（4）二氧化碳不可用于扑灭金属火灾。

（5）二氧化碳适用于扑灭带电设备火灾。在利用二氧化碳扑灭贵重仪器和重要的图书资料等引发的火灾时，不会造成环境污染，不腐蚀设备及资料且无残留。

4. 灭火注意事项

（1）虽然二氧化碳可用于扑灭初期的可燃气体火灾，但灭火效果较差。

（2）二氧化碳只能用于扑灭普通固体表面的火，必须辅以水才能扑灭可燃物内部的火。

（3）二氧化碳具有冷却作用，因此在施放二氧化碳时应注意防止冻伤。

（4）高浓度的二氧化碳具有窒息性，在施放二氧化碳前，应示警，通知人员撤离。

五、其他灭火剂

黄沙也可作为灭火剂来使用，主要用来扑灭初期的小火。

1. 灭火作用

黄沙可以覆盖在可燃物表面，隔绝空气，达到窒息灭火的目的。

2. 适用对象

黄沙可以用于扑灭A类、B类、D类火灾，但不能用于扑灭爆炸品火灾。

六、新型灭火剂

随着全球环境保护意识的不断增强，许多新型灭火剂逐步被应用于船舶上。

1. 七氟丙烷灭火剂

七氟丙烷(HFC-227ea/FM200)在常温下为无色无味的气体,该灭火剂是一种以化学灭火为主、兼有物理灭火作用的洁净气体化学灭火剂,属于多氟代烷烃,具有清洁、低毒、电绝缘性良好、灭火效率高、不破坏大气臭氧层的特点,是替代卤代烷灭火剂的洁净气体中的较优者。

七氟丙烷的消耗臭氧潜能值 ODP = 0,全球变暖潜能值 GWP = 3 350,大气中存留寿命 ALT = 31 年,无毒性反应(NOAEL)浓度为9%,有毒性反应(LOAEL)浓度为10.5%。七氟丙烷的设计浓度一般小于10%,对人体安全。作为卤代烷的较理想的替代物,七氟丙烷可作为全淹没灭火系统的灭火剂,用于保护经常有人工作或停留的场所。在国际上,七氟丙烷灭火系统用以替代卤代烷系统的应用越来越多,应用经验表明,七氟丙烷灭火系统能有效达到预期的保护目的。

2. 全氟己酮灭火剂

全氟己酮常温下为无色无味透明液体,是一种重要的哈龙灭火剂替代品,它是氟化酮类的化合物。全氟己酮灭火剂具有良好的环保性能,其消耗臭氧潜能值 ODP = 0,全球变暖潜能值 GWP = 1,大气中存留寿命 ALT = 0.014 年,可以长期而持久地替代哈龙、氢氟烃类化合物和全氟类化合物。

全氟己酮灭火剂具有以下特点:

①全氟己酮灭火剂是目前世界上对环境最友好的灭火剂。

②全氟己酮灭火剂的不可见有害作用浓度大于其灭火设计浓度,具有使用安全性能高的优点。

③全氟己酮灭火剂是各类电气设备的守护神,具有非常好的绝缘性能。全氟己酮灭火剂可在保证灭火效率的同时,又符合使用安全及环境保护的要求。全氟己酮灭火剂已得到消防行业的广泛认可。

④全氟己酮灭火剂具有非常好的灭火功能,其灭火浓度较低,是其他普通灭火剂的优秀替代品。

⑤全氟己酮灭火剂能扑灭 A、B、C、E 类火灾,不导电,喷射后迅速汽化,无残留;可用于有人场所,不会对人体造成伤害。

上述两种灭火剂的比较见表3-3-1。

表3-3-1　全氟己酮灭火剂与七氟丙烷灭火剂的比较

项目	全氟己酮	七氟丙烷
分子式	$CF_3CF_2COCF(CF_3)_2$	CF_3CHFCF_3
分子量	316.04	170.03
沸点(1 atm)	49.2 ℃	−16.4 ℃
凝固点	−108 ℃	−131.1 ℃
饱和液体密度(25 ℃)	1.6 g/mL	1.407 g/mL
饱和蒸气压(25 ℃)	0.045 MPa	0.404 MPa

（续表）

项目	全氟己酮	七氟丙烷
气体密度(1 atm,25 ℃)	0.013 6 g/mL	0.03 g/mL
消耗臭氧潜能值	0	0
全球变暖潜能值	1	3 350
大气中存留寿命	0.014 年	31 年
参考设计浓度	4.5%～6%	8%～10%
无毒性反应浓度	10%	9%
有毒性反应浓度	≥10%	10.5%

【思考题】

1. 常用的灭火剂有哪几种？

2. 几种常用灭火剂的作用原理分别是什么？

3. 几种常用灭火剂的适用对象分别是什么？

第四章
船舶防火

第一节
船舶火灾的原因

【要点】

为了全面做好船舶的防火工作,船员应充分了解船舶火灾产生的原因,为后续能够采取有效的防火措施,实现船舶的防火目标奠定良好的基础。

【必备知识】

火灾的发生离不开燃烧的三要素,即可燃物、助燃物和着火源。由于船舶火灾的助燃物主要是空气中的氧气,而氧气又是无处不在的,因此在分析船舶火灾的原因时,主要从着火源以及可燃物这两个角度进行。

一、从着火源方面分析

1. 热工作业

船上人员在进行电焊、气割等热工作业时,常常伴有高温、火焰、火星等,如果责任心不强或者未严格按照操作规程作业,则极易引发火灾。

2. 船舶电气设备失火

船舶电气设备失火的原因主要包括:电气设备或线路的老化、损坏,线路过载,未经允许私自拉扯电线,不正确使用照明或电气设备。

3. 货物自燃

粮食或煤炭等货物,在运输途中很容易因热量积聚而引发自燃。

4. 高温热表面

船舶机舱区域存在众多热表面,如船舶主机、锅炉外表面。一旦主机高压油管套管保护系统存在破损,输油管路漏油很容易引发火灾。此外,主机排气管温度较高,其隔热保护层如果破损,也极易导致附近可燃物着火。

5. 火花或静电

摩擦或碰撞能够产生火花或静电,如果热量积聚到一定程度就会引发火灾。

6. 厨灶失火

在用厨灶明火做饭时,如用火失控,则容易引发厨房失火。另外,厨房电气设备较多,如果管理不当,也会引发火灾。

7. 吸烟

船员的不良习惯会引发火灾,如:随意丢弃未熄灭的烟头,躺在床上吸烟,在禁烟场所吸烟等。

二、从可燃物方面分析

船舶有许多区域存在大量可燃物,如果管理不当就会引发火灾。船舶的主要危险区域及发生火灾的原因如下:

1. 船舶机舱

(1)燃油柜或输油管路缺乏保养而导致燃料泄漏并积聚在机舱内,遇火源引发火灾;

(2)主、辅机排烟管及锅炉高温外表面的隔热材料破损,燃油泄漏并喷洒到高温热表面引起火灾;

(3)大量电气设备配备在机舱,如果电缆线路绝缘材料保养不良,再加上用电设备工作过载,就容易引发火灾;

(4)在机舱内进行电气焊作业时,未按安全操作规程进行作业,易引发火灾;

(5)清洁机舱过程中产生的带油的棉纱布未按要求存放处理,堆积在一起容易引发自燃;

(6)柴油机、锅炉等设备操作管理不当,引发火灾、爆炸,如柴油机曲轴箱、扫气箱爆炸等。

2. 货舱

(1)若船舶载运的货物具有易自燃的特性,当通风不良时易引发火灾;

(2)载运易挥发出可燃性气体的散装货物(如煤)时,遇到火源,易发生燃烧;

(3)在货舱甲板上进行热工作业,易引发舱内货物起火;

(4)装卸货期间,在货舱附近吸烟,易引发火灾;

(5)载运危险货物时,未按相关要求进行操作或管理。

3. 生活区

(1)在生活区内乱丢烟头,躺在床上吸烟;

(2)私自拆、接电线及插座;

(3)违规使用电炉等电器;

(4)丝织品等易燃物品管理不当,与灯、暖气等热源过近。

4. 厨房

(1)厨房灶台积油过多,遇火引发火灾;

(2)厨房电气设备和电路故障引发火灾;

(3)排烟管路内积油过多,受热引发火灾;

(4)油脂类物品遇热引发火灾。

5.其他区域

(1)油漆间有大量的油漆、稀释剂等,并容易挥发出可燃蒸气,遇明火就容易发生火灾;

(2)通风不良导致蓄电池间内的易燃气体积聚,遇明火后容易发生燃烧爆炸;

(3)氧气间、乙炔间内气瓶未按要求分开存放并绑扎、固定,且储存间未进行良好的通风。

只有了解了船舶失火的主要原因,才能有针对性地做好船舶的防火安全工作。

[思考题]

船舶可能发生火灾的区域及产生火灾的原因分别是什么?

第二节
船舶结构防火

[要点]

结构防火是船舶防火的一个重要手段,在船舶结构上设置一些耐火分隔来有效地防止船舶火灾的发生,并尽可能地遏制火的蔓延,有利于火灾的控制和扑灭。

[必备知识]

船舶结构防火是指在建造船舶时,使用防火材料做成耐火分隔应用在船体结构中,以起到有效遏制火的蔓延的作用,有利于火灾的控制及扑灭。

根据 SOLAS 公约的相关要求,船舶结构防火中的耐火分隔可以分为 A 级、B 级、C 级三个等级。

1. A 级分隔

A 级分隔是指由符合下列要求的舱壁或甲板组成的分隔:

(1)用钢或其他等效材料制成;

(2)具有适当的防挠加强;

(3)其构造应能在经过 1 h 的标准耐火试验结束时,防止烟和火焰通过;

(4)在表 4-2-1 所示的时间内,其背火一面的平均温度较初始温度升高不超过 140 ℃,且包括任何接头在内的任意一点的温度较初始温度升高不超过 180 ℃。

表 4-2-1　A 级分隔分类

A 级分隔分类	时间
A-60 级	60 min
A-30 级	30 min
A-15 级	15 min
A-0 级	0 min

2. B 级分隔

B 级分隔是指由符合下列要求的舱壁、甲板、天花板或衬板组成的分隔：

（1）用认可的不燃材料制成；

（2）其构造应能在最初半小时的标准耐火试验结束时，防止火焰通过；

（3）在表 4-2-2 所示的时间内，其背火一面的平均温度较初始温度升高不超过 140 ℃，且包括任何接头在内的任意一点的温度较初始温度升高不超过 225 ℃。

表 4-2-2 B 级分隔分类

B 级分隔分类	时间
B-15 级	15 min
B-0 级	0 min

3. C 级分隔

C 级分隔是指符合以下要求的分隔：

（1）用认可的不燃材料制成；

（2）不必满足防止烟和火焰的通过以及限制温度升高的要求。

不燃材料是指某种材料加热至约 750 ℃时，既不燃烧，也不产生足以造成自燃的易燃蒸气。

船舶结构防火是防止火蔓延的重要手段，同时也是 PSC 检查和 FSC 检查的重点内容之一。了解不同等级耐火分隔的特性，掌握船舶机器处所、控制站、起居服务处所等不同区域的耐火分隔结构，有利于在船船员更好地完成船舶防火的安全管理工作，保证船舶的安全运营。

【思考题】

船舶结构防火中的耐火分隔是如何划分的？

第三节

船舶防火管理

【要点】

要做好船舶的防火安全工作，除了船舶自身的结构防火外，还应做好相应的管理工作，如建立船舶防火安全责任制，做好船舶日常防火管理以及专项防火管理工作。

【必备知识】

一、建立船舶防火安全责任制

每艘船舶应成立由船长、部门长以及船员代表组成的船舶防火安全小组。其中：

（1）船长是船舶防火安全小组的总负责人，全面负责全船的防火安全工作。

（2）大副、轮机长分别是甲板部、轮机部的防火安全责任人，负责管理和监督部门成员做好防火工作，包括遵守船舶防火安全规则以及操作规程等。

（3）全体船员是船舶防火安全的主体，是船舶防火安全工作的具体执行人。

二、船舶日常防火管理

（1）做好船员的防火安全教育，提高船员的防火安全责任意识。

（2）按要求定期对消防设施进行检查。

（3）定期进行消防培训，提高船员的消防技能以及应急处理能力。

（4）严格遵守消防安全规章制度、船舶防火防爆规章制度及安全操作规程等。

（5）建立防火巡逻检查制度，制定船舶防火巡逻路线图并在驾驶台张贴，每班至少按路线巡视检查一次，检查情况记入"航海日志"。图 4-3-1 为船舶防火巡逻路线图。

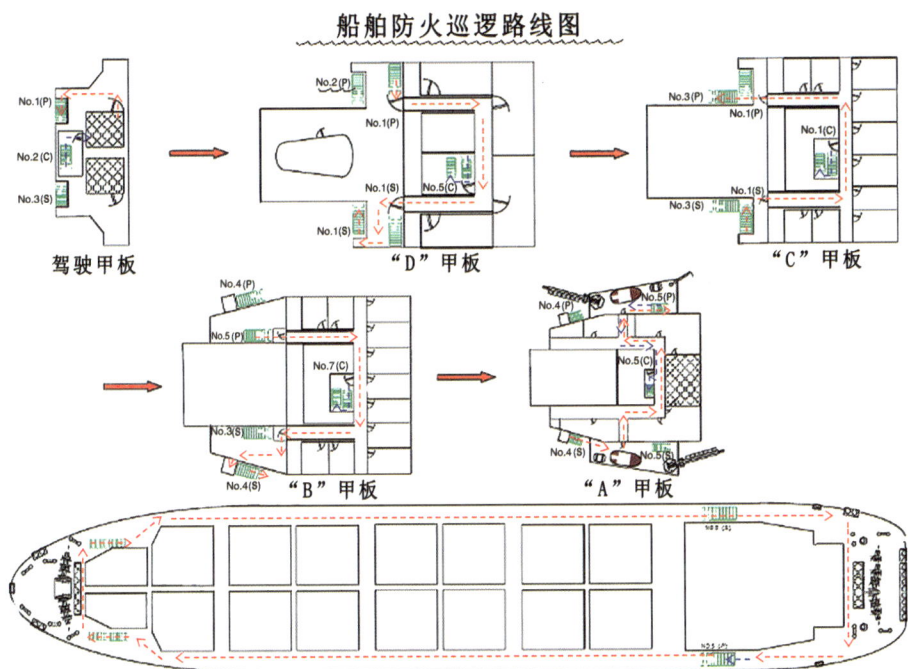

图 4-3-1 船舶防火巡逻路线图

①停泊时，货船的甲板区域一般由水手担任值班巡逻工作，守护上甲板及外部舱室。驾驶员负责巡视和监察内部舱室等工作，值班轮机员负责机舱等部位的安全。

②航行时，值班人员的人数显著增加，除客船之外，虽没有硬性规定要指派巡逻员，但仍应根据船上的实际情况，在必要时予以派遣。而在客船上，巡逻员必须由指定人员或防火员担任。

③修船时，因留船人员较少，外来人员较多，且焊割等热工作业极易引起火灾，在这种情况下，应加强巡视工作，加派巡逻员和看火员，必要时还可通知岸上派消防人员来船值班，以保证船舶安全。

④值班人员在巡视全船时，必须认真负责，细致检查，只要发现可疑情况，就应立即做进一步的检查，以确定是否会发生危险。一旦发现火情，值班人员就要立刻发出火灾信

号,并立即着手灭火。所以,每一个值班人员都应该掌握一般消防器材的使用知识,并熟悉它们在船上的位置。每一艘船舶都应展示该船的消防控制图、应变信号和船员应变部署,以利于应急所需。

(6)禁止在货舱甲板、物料间、机舱(含集控室)等禁烟场所吸烟;禁止躺在床上吸烟;烟头、火柴杆必须放在注水烟缸里,禁止向舷外乱丢烟蒂。

(7)航行中不得锁门睡觉,以免发生火灾时既不利于逃生,也不利于他人营救。

(8)船舶应在货舱、机舱、油漆间、电瓶间、氧气间、乙炔间等禁烟场所设立明显禁烟标志。

(9)应使用不燃垃圾桶,四周不得开口,桶内需注水;机舱垃圾桶必须有盖,垃圾应及时清除,以防自燃。

(10)不得乱扔废弃的油渍棉纱、抹布,应将其存放在专用的带盖金属容器内。

(11)不得私自携带、存放易燃易爆物品;船用油漆等易燃液体应存放在专用油漆间,不得存放于其他场所。

(12)提高安全意识,发现违章行为或火灾隐患,及时报告、制止。

三、船舶专项防火管理

1. 电气防火管理

电气防火是船舶防火的重要组成部分。电机员是船舶安全用电责任人,对船舶电气设备进行安全管理,对船员安全用电进行监督;对船舶存在的电气设备隐患要及时消除,不能自行解决的应向轮机长或船长报告并由船长向船舶管理部门报告。在隐患消除前,应采取有效措施进行安全防范,保证船舶用电安全。

电气防火工作包括:

(1)离开房间或工作处所时应随手关灯;

(2)不要在灯外罩其他物品,尤其是丝织品等易燃物品;

(3)不要违规使用电器;

(4)未经允许不许私拉电线;

(5)电机员应定期检查电气设备的绝缘情况以保障安全;

(6)货舱电源插座应保持水密,不用时应旋紧插座保护盖,防止其受潮、短路引发火灾;

(7)机舱配电板四周应配备绝缘地垫,且其附近不允许储存杂物。

2. 明火作业管理

(1)明火作业前,必须经过审批。船舶在港口外水域进行明火作业时,须由部门长提出申请,经船长批准后方可进行;船舶在港口需要进行明火作业时,必须向港口海事部门报备。

(2)审批前,需对明火作业的场所进行作业环境的考察,以确认安全。

(3)必须对作业现场的易燃易爆物品进行彻底清除,备妥足够的消防器材。

(4)明火作业区域可燃气体浓度不大于爆炸下限的 1%,相对风速小于 13.8 m/s。

(5)如需在燃油舱、滑油舱、污油舱及与其相连管系处进行明火作业,必须清除舱内及管内油气,并取得船舶检验部门出具的检验合格证书。

（6）对于测爆合格的舱室或处所，明火作业应在 4 h 内完成，否则应重新进行测爆检验。

（7）明火作业时，必须有人负责监护。作业完毕后，必须彻底清理现场，确认无残留火种后方可撤离。

3. 高温热表面管理

（1）主机、辅机的排烟管和锅炉的外表面应用隔热材料包裹。

（2）装卸货时，应避免将易燃货物靠近舱灯；装卸结束时，应立即断开电源并收好舱灯。

（3）严禁将纸张、丝织品靠近或覆盖电器，以防发生火灾。

（4）经常检查运转中机器的机油压力是否正常、转动部位是否润滑，防止摩擦生热而引发火灾。

4. 危险货物管理

（1）装载、运输危险货物的船舶，必须取得主管机关签发的"危险货物适装证书"。

（2）必须按《国际海运危险货物规则》的要求合理配载危险货物。

（3）载运易燃危险货物的货舱内使用的舱灯应为防爆型。

（4）载运易自燃货物的船舶，在航行途中要定时检测舱内温度，发现异常应及时采取措施。

（5）载运危险货物的船舶在航行、停泊、作业时应当按规定显示相应的信号灯。

（6）载运危险货物的船舶应当编制保证水上人命、财产安全和防治船舶污染环境的应急预案，并加强训练，保证预案的有效实施。

[思考题]

1. 船舶日常防火管理工作有哪些？

2. 除了日常防火管理外，还应做好哪方面的管理？

第四节

修船防火

[要点]

船舶在进厂修理前，应按修理计划做好相关准备工作，特别是防火防爆工作。在修船期间，由于船员人数少，而修船人员较多，明火作业增多，作业地点分散且作业时间较长，因此容易发生火灾。船员应提高安全意识，做好修船期间船舶安全防火工作。

[必备知识]

一、修船防火的原因

除了船舶日常维护保养外，修理船舶一般需要在船厂或航修站进行。修船期间，船舶极易发生火灾，主要原因包括：

（1）船舶进厂时仍存有大量可燃物，或并未按要求将易燃物品或易燃气体清除干净。

（2）船舶人员与修船人员交接不清，遗漏船舶防火安全的关键细节。

（3）修船期间，明火作业较多，存在并未完全按照规程操作的问题。

（4）修船人员众多，部分人员的防火意识较差。

二、船舶进厂(站)前的准备工作

船舶进厂(站)前应符合下列要求：

（1）油船、液化石油气船、液化天然气船、散装运输危险化学品船等船舶应当根据相关要求，清除舱内油、气，由船舶检验部门或其认可的机构检验，确认其符合消防安全要求并出具检验合格证书。

（2）非油船的燃油舱、滑油舱、污油舱以及与其相连通且无法拆卸的管系，如需动火作业，其要求与油船相同；如不需动火作业，且所装载油料闪点在 60 ℃ 及以上，可不清除存油，船方应设置明显禁火标志。

（3）船舶的易燃易爆化学危险物品必须清除干净。

三、船舶进厂(站)后的防火工作

（1）修船明火作业，应当符合下列要求：

①作业前，船方应当清除作业现场及其周围(包括上下左右管系、相邻舱室)的易燃、可燃物；厂(站)方应将与下层舱室连通的孔洞封堵。

②在机舱内(包括油舱柜、油管线附近)进行明火作业时，可燃气体浓度须保持在爆炸下限值的 1% 以下，否则应当停止作业。

③厂(站)方要有专人在作业现场看火，并置备小型灭火器材。

④氧气瓶和乙炔瓶必须分开存放，不能混放。敷设氧气软管、乙炔软管、电焊线时，要采取防挤、防压、防摩擦措施。当班作业完毕，须切断电源和气源。

（2）修船中使用易燃易爆物品，必须符合下列要求：

①厂(站)方须有专人负责管理、监护。

②在作业场所周围划定安全警戒区，设置禁火标志。警戒区内严禁使用明火和非防爆插座、开关、电气设备。

③当班作业完毕，须将油料、油漆、油棉纱等易燃易爆物品全部带离船舶，不得将其存留在船上。

（3）修船中应当对船舶电气设备和施工用电严格管理。凡临时拉接线路要采用绝缘物架空，严禁拖、拽、挤、压。

（4）厂(站)方不得擅自拆除或改变船上的防火结构、消防设备和管系。如确需改动，应当经船舶检验部门同意。

（5）船上配置的消防器材和消防设施，任何人不得随意动用或挪作他用。在发生火灾或爆炸等紧急情况时，厂(站)、船方值班负责人在确认失火舱室无人后方可使用船上二氧化碳等固定灭火系统。

（6）修船期间，船方应当严格实行护船值班制度，保证有 1/3 以上的船员留船。

（7）在修理驾驶台及船员住舱等地方时，进行焊割工作前，应拆除动火部位可燃性衬板、隔热材料等,移走其他易燃物品。

(8)当班所有作业完毕,施工和看火人员应当再次认真检查、清理现场,确认无火灾隐患后方可离开。

【思考题】

1.船舶进厂修理前要做哪些防火准备工作?

2.船舶进厂修理期间要做哪些防火工作?

第五章
船用消防器材

第一节

手提式灭火器

【要点】

根据 SOLAS 公约的要求，每艘船舶应在其起居处所、服务处所、机器处所、厨房及消防控制站内配备足够的手提式灭火器，并保持这些设备处于随时可用状态，以便及时控制火势蔓延或扑灭初起的小火。每位船员应掌握船用手提式灭火器的结构、灭火能力、操作方法以及日常维护保养等知识。

【必备知识】

一、配备要求

（1）起居处所、服务处所和控制站等区域应配备种类适当、数量足够的手提式灭火器，以满足主管机关的要求。1 000 总吨及以上的船舶，至少应配备 5 个手提式灭火器。

（2）船舶配备的所有手提式灭火器的总重量不应超过 23 kg，且其内装的干粉和二氧化碳的容量（质量）应至少为 5 kg，而泡沫的容量（体积）应至少为 9 L。

（3）起居处所不应配备二氧化碳灭火器。在控制站或装有重要电子电气设备处所，配备的灭火器的灭火介质应不导电，也不会损坏设备。

（4）手提式灭火器应位于能到达之处，且处于随时可用状态。

二、灭火器的分类

根据灭火介质的不同，手提式灭火器可分为干粉灭火器、泡沫灭火器、二氧化碳灭火器等类型，如图 5-1-1 所示。

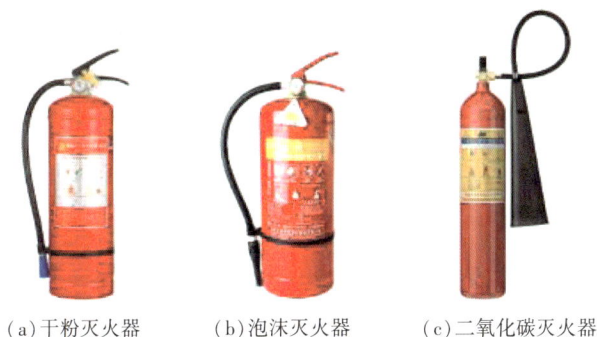

（a）干粉灭火器　　　（b）泡沫灭火器　　　（c）二氧化碳灭火器

图 5-1-1　手提式灭火器类型

1. 干粉灭火器

干粉灭火器依靠驱动气体（常用的是二氧化碳或氮气），喷出干粉进行灭火操作，主要用于扑灭可燃液体、可燃气体或电气设备等的初起火灾。

干粉灭火器主要由钢瓶、瓶盖、喷射系统以及压力表等装置组成。钢瓶是储存干粉的容器。瓶盖是用于密封钢瓶的。喷射系统主要由喷嘴、喷管、压把、虹吸管以及驱动气瓶（如有）等组成。

根据驱动气瓶的安装位置不同，干粉灭火器可分为内装式和外装式两种。另外，贮压式灭火器没有驱动气瓶。三种干粉灭火器的结构如图 5-1-2 所示。

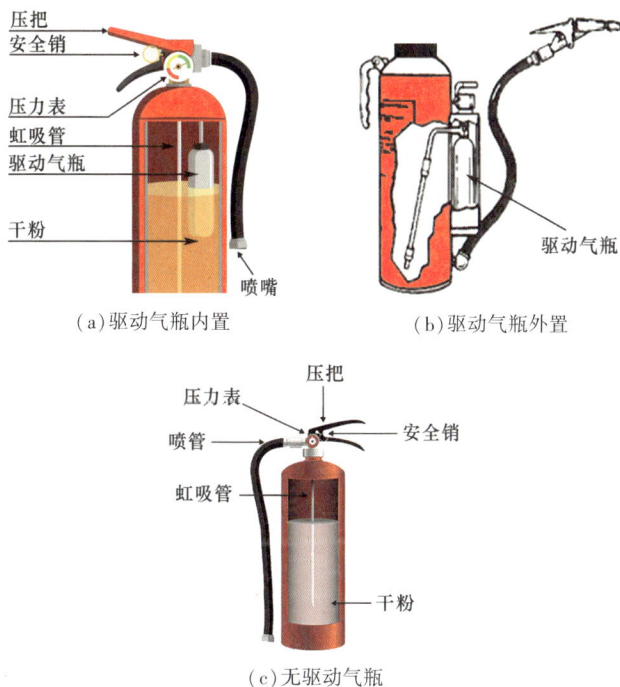

（a）驱动气瓶内置　　　　　　　　　（b）驱动气瓶外置

（c）无驱动气瓶

图 5-1-2　三种干粉灭火器的结构示意图

干粉灭火器的工作原理为拔出安全销后，按压压把，带动刺针刺穿膜片，驱动气体（二氧化碳或氮气）会挤压干粉通过虹吸管、喷管，然后从喷嘴喷出。

2. 泡沫灭火器

泡沫灭火器利用二氧化碳或氮气作为驱动气体,喷出泡沫进行灭火,主要用于扑灭可燃液体火灾以及普通固体火灾等的初起火灾。以前船用泡沫灭火器多为化学泡沫灭火器,现在应用广泛的是空气泡沫灭火器,因此,本书介绍的泡沫灭火器为空气泡沫灭火器。

空气泡沫灭火器主要由钢瓶、瓶盖、喷射系统以及压力表等装置组成。钢瓶的作用是储存泡沫灭火剂。瓶盖是用于密封钢瓶的。喷射系统主要包括喷嘴、喷管、压把、虹吸管以及驱动气瓶(如有)等。空气泡沫灭火器结构如图 5-1-3 所示。

空气泡沫灭火器的工作原理为拔出安全销后,按压压把,带动刺针刺穿膜片,驱动气体(二氧化碳或氮气)会挤压泡沫通过虹吸管、喷管,然后从喷嘴喷出。

3. 二氧化碳灭火器

二氧化碳灭火器主要由钢瓶、瓶头阀及喷射系统等装置组成,如图 5-1-4 所示。二氧化碳灭火器的钢瓶为钢质无缝瓶体,为充装液态二氧化碳的高压容器。瓶头阀既是密封灭火器钢瓶的盖子,同时也是控制灭火剂喷射的阀门。喷射系统主要由喷筒、喷管、虹吸管等组成。

二氧化碳灭火器主要用于扑救图书资料、精密仪器及电气设备等引发的初起火灾。由于二氧化碳气体是通过加压后储存在二氧化碳灭火器钢瓶内的,因此二氧化碳既是灭火剂,又是驱动气体。二氧化碳灭火器的工作原理为拔出安全销后,按压压把,带动刺针刺穿膜片,瓶内存储的二氧化碳会通过虹吸管、喷管,然后从喷筒喷出。

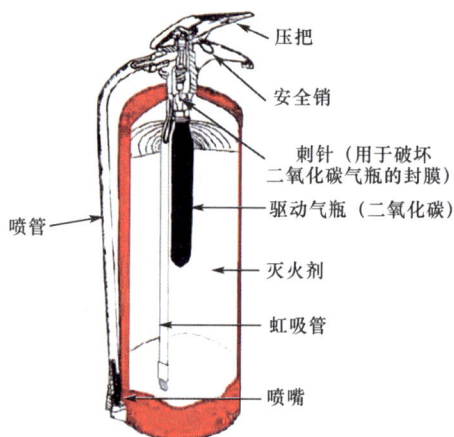

图 5-1-3 空气泡沫灭火器结构示意图

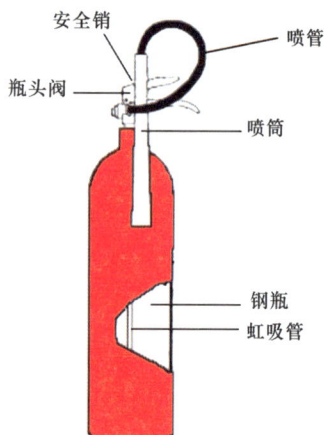

图 5-1-4 二氧化碳灭火器结构示意图

三、灭火器的铭牌

灭火器筒体上应张贴或印刷灭火器的铭牌。铭牌上应包含灭火器的名称、型号、灭火剂类型、灭火级别、操作方法以及注意事项等信息。下面以手提式干粉灭火器为例,如图 5-1-5 所示,介绍灭火器的铭牌信息。

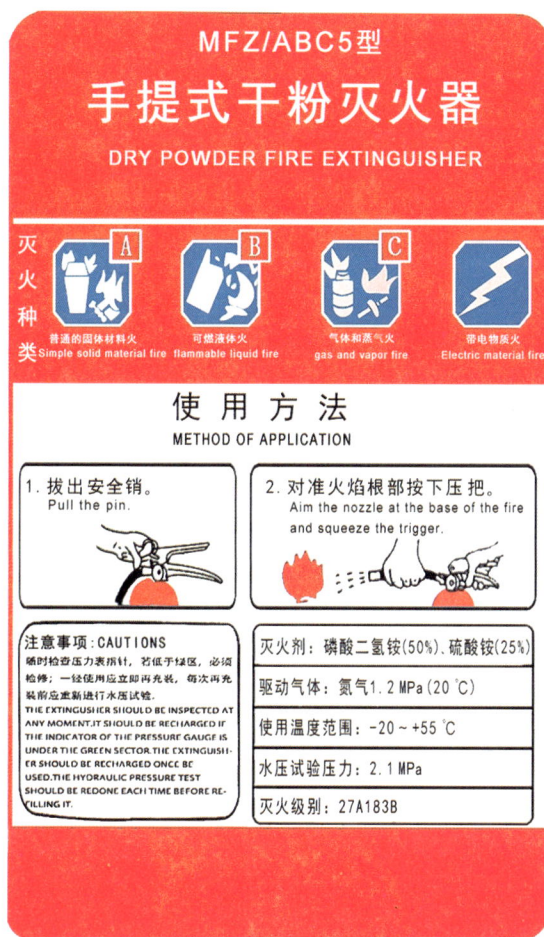

图 5-1-5 手提式干粉灭火器的铭牌

（1）灭火器的型号及名称：MFZ/ABC5 型手提式干粉灭火器。

灭火器的型号由类、组、特征代号及主要参数等组成，其中：

①灭火器本身代号"M"放在首位；

②第二位为灭火剂代号，"F"代表干粉灭火剂，"T"代表二氧化碳灭火剂，"Q"代表清水火火剂；

③"Z"代表贮压式灭火器；

④"ABC"为干粉灭火剂特征代号；

⑤最后的阿拉伯数字表示灭火剂的剂量，单位一般为 kg 或 L。

（2）灭火剂的容量（剂量）：5 kg。

（3）适用火灾类型：A 类、B 类、C 类、E 类①。

（4）操作方法：

①拔出安全销；

②对准火焰根部按下压把。

---

① 《火灾分类》（GB/T 4968—2008）增加了 E 类火灾（带电火灾）。

（5）注意事项：

①灭火器应放在干燥、无腐蚀气体的场所，不得火烤、暴晒或碰撞；

②经常检查灭火器的内部压力，如压力表指针低于绿色区域应及时修理；

③拆卸灭火器前，先旋松器头螺帽，待泄压后方可拆卸；

④灭火器的维修工作应由专业部门承担，在重新填装前应做水压试验。

（6）灭火级别：27A183B。

①灭火级别定量和定性地表征灭火器的灭火能力及其适用扑灭火灾的种类，是一种衡量标准。

②灭火级别由数字和字母组成，数字表示灭火级别的大小，字母表示灭火级别的单位值及灭火器适用扑救火灾的种类。

四、使用前的检查

应定期检查灭火器以保证其处于随时可用状态，并在使用前确保：

（1）灭火器的安全销处于合适的位置；

（2）如配备压力表，压力表指针处于绿色区域，如图 5-1-6 所示；

（3）灭火器的外观一切良好。

图 5-1-6　灭火器压力表

五、灭火器的使用

1. 灭火器的使用原则

（1）首先应确保人员的安全，再考虑扑灭火灾。

（2）应遵循先控制后扑灭、先周边后中心的原则。

（3）使用灭火器前应确认其适用于当前火灾。

（4）如在室外灭火，应尽可能站在上风方向。

2. 灭火器使用的具体操作

使用灭火器的操作步骤可以概括为"拔—瞄—压—扫"，如图 5-1-7 所示，具体如下：

（1）拔：拔出灭火器的安全销。

（2）瞄：靠近火焰并保持安全距离，然后瞄准火源。需要注意的是，在使用泡沫灭火器时，应尽可能瞄准火源附近的侧壁。

（3）压：挤压灭火器手柄，喷出灭火剂。

（4）扫：手持喷嘴，左右来回扫射，直至将火扑灭。

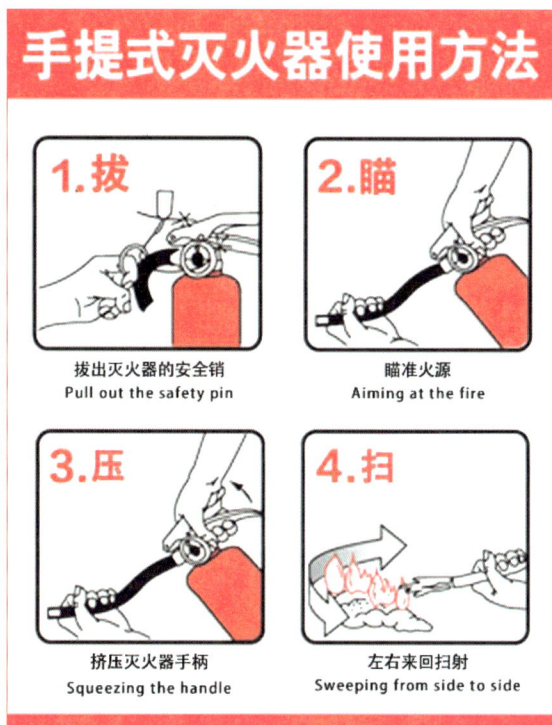

图 5-1-7　灭火器的操作步骤

【思考题】

1. 手提式灭火器的配备要求有哪些？

2. 使用灭火器前的检查工作有哪些？

3. 简述手提式灭火器的使用原则及操作步骤。

第二节

移动式灭火设备

【要点】

移动式灭火设备主要包括推车式灭火器和便携式泡沫发生器。移动式灭火设备的灭火原理与手提式灭火器相同，操作步骤及注意事项略有不同，两者最主要的区别在于容量不同。

[必备知识]

一、推车式灭火器

1. 配备要求

根据 SOLAS 公约的要求,船舶机器处所、滚装处所等应配备认可的泡沫灭火器或其等效物。通常情况下,A 类机器处所旁配备的泡沫灭火器的容量为 45 L,锅炉附近配备的泡沫灭火器的容量为 135 L。由于灭火器容量较大,为了便于移动,通常为灭火器配备车轮,所以又称为推车式灭火器。

2. 推车式灭火器的分类

根据灭火器内填充介质的不同,推车式灭火器可以分为推车式干粉灭火器、推车式二氧化碳灭火器、推车式泡沫灭火器,如图 5-2-1 所示。

(a)推车式干粉灭火器　　(b)推车式二氧化碳灭火器　　(c)推车式泡沫灭火器

图 5-2-1　推车式灭火器

（1）推车式灭火器的外观结构组成与手提式灭火器大致相同,只是存储灭火剂的容器变大,喷射软管的长度增加,另外增加了车轮。

（2）根据驱动气瓶的安装位置不同,推车式干粉灭火器和推车式泡沫灭火器分别有内装式驱动气瓶和外置式驱动气瓶两种。此外,贮压式推车灭火器没有驱动气瓶装置,而是将驱动气体跟灭火剂一同存储在容器内。

（3）与手提式二氧化碳灭火器相比,推车式二氧化碳灭火器除了增加一个车轮外,最大的区别在于其灭火的启动装置改为了手轮式。

3. 推车式灭火器的检查

跟手提式灭火器一样,应定期检查推车式灭火器以确保其处于随时可用状态。检查内容包括:

（1）检查推车式灭火器的安全销及启动装置是否正常;

（2）如配备压力表,检查压力表是否处于合适的位置;

（3）外观检查,包括筒体、喷射软管、喷嘴以及车轮等。

4. 推车式灭火器的操作

通常由两人共同完成推车式灭火器的操作。其操作要领及注意事项如下:

（1）选择适用于火灾类型的推车式灭火器，并确保其良好可用；

（2）将灭火器推至火场附近，并保持一定的安全距离；

（3）一般由第一人将喷射软管铺开，手持喷嘴部位，瞄准火源；第二人拔出灭火器的安全销，操作启动装置；此时，第一人打开喷嘴的开关（如有），并根据火场情况由远及近，左右扫射，将火扑灭。

二、便携式泡沫发生器

1. 配备要求

便携式泡沫发生器主要配备在船舶 A 类机器处所或其他特殊区域（如锅炉间、滚装处所和车辆保护处所等），当火灾发生时，能够利用消火栓供水喷出泡沫混合液扑灭火灾。

2. 结构组成

便携式泡沫发生器由 1 个空气泡沫枪、1 根支管、1 个至少能盛装 20 L 泡沫液的便携式容器以及一个相同容量的备用容器组成，如图 5-2-2 所示。其中，空气泡沫枪能够通过消防水带与消防总管相连。

图 5-2-2　便携式泡沫发生器

其工作原理为：当空气泡沫枪与消防水带相连接后，消防水通过空气泡沫枪喷出，在泡沫枪处形成负压，通过泡沫发生器支管将泡沫容器内的泡沫液吸入泡沫枪，并与消防水混合形成泡沫混合液，然后喷射出去。

3. 技术性能

根据要求，泡沫枪应能产生适用于扑灭油类火的有效泡沫液，且在正常消防总管压力下，泡沫液的流量应至少满足 200 L/min。

4.使用方法

(1)将泡沫液按比例在泡沫容器中混合好;

(2)将泡沫容器通过支管与泡沫枪连接好;

(3)将消防水带与消火栓及泡沫枪连接好,打开消火栓;

(4)在上风位置手持泡沫枪,将泡沫平稳地覆盖在油类火上。

5.使用注意事项

(1)为了保证安全,操作人员应处于上风方向,并与火场保持一定的安全距离;

(2)对于油类火,不能直接将泡沫液喷向油面,应将泡沫液喷向火源处的垂直侧壁,使泡沫液流淌并覆盖油类火;

(3)如喷射时有风,应尽可能使泡沫沿顺风方向喷射。

【思考题】

1.简述推车式灭火器使用前的检查及使用方法。

2.简述便携式泡沫发生器的使用方法及注意事项。

第三节

消防员装备

【要点】

消防员装备是船舶必须配备的重要设备之一,用于确保消防人员能够安全地进入火场执行搜救受困人员、探察火情以及扑灭火灾等任务。

【必备知识】

一、配备要求

(1)船舶应配备消防员装备,用于确保穿戴人员能够安全进入火场完成火场搜救、探火及灭火任务。

(2)根据 SOLAS 公约的要求,每艘船舶应至少配备 2 套消防员装备,此外,还应该根据船舶类型及吨位等要求增配相应数量的消防员装备。

(3)消防员装备应存放在易于取用且彼此远离之处。

二、消防员装备的组成

根据 SOLAS 公约和《国际消防安全系统规则》的要求,消防员装备由 1 套个人装备、1 副呼吸器以及 1 根耐火安全绳组成,如图 5-3-1 所示。

图 5-3-1　消防员装备

1. 个人装备

消防员个人装备包括长筒靴、防护服、消防头盔、消防斧以及安全灯等。

（1）长筒靴

长筒靴应由橡胶或其他绝缘材料制成。

（2）防护服

防护服主要由上衣、裤子、手套、头罩和鞋罩组成,应能保护消防人员的皮肤免受火焰的热辐射以及蒸气的烫伤。

（3）消防头盔

消防头盔应坚固结实,可保护使用人员的头部及颈部免受撞击伤害。佩戴时应注意将头盔的长帽檐置于头颈后方,以便较好地保护后颈。

（4）消防斧

消防斧的手柄应设有绝缘层以提供高压绝缘保护。

（5）安全灯

安全灯的照明时间应至少为 3 h。此外,在液货船或在危险区域使用的安全灯应为防爆型。

2. 呼吸器

根据要求,船舶配备的呼吸器装置应为自给式压缩空气呼吸器。呼吸器主要由高压空气瓶、全面罩、减压装置、低压报警装置以及背托等组成。

自给式压缩空气呼吸器应满足如下要求:

（1）呼吸器气瓶应至少存储 1 200 L 的空气,或保证人员能够呼吸使用至少 30 min;

（2）所有的呼吸器气瓶均能够互换使用;

（3）呼吸器应配备能够发出声、光报警的装置,以便在气瓶气体体积减小至 200 L 以下时能够发出报警以警示使用人员。

3. 耐火安全绳

每一消防员装备应配备一根满足下述要求的耐火安全绳：

(1)耐火安全绳的长度至少为30 m；

(2)耐火安全绳应能通过卡钩系在消防员的呼吸器背带上或系在一条单独的腰带上，以便与接应人员进行联系。

耐火安全绳主要有两个作用：一是显示通道；二是作为对外联系的工具，传递信息。

三、消防员装备穿戴前的检查

如时间允许，在穿戴消防员装备前，应进行相应的检查。检查内容包括：

(1)全面罩气密性检查：松开全面罩的两根颈带，将面罩头网向上翻起，再将面罩贴紧脸部，深吸一口气，全面罩紧贴面部，则气密性良好。

(2)整机气密性检查：连接全面罩与中压软管，旋开瓶头阀，几秒后关闭瓶头阀，如1 min内压力值下降不超过2 MPa，则气密性良好。

(3)检查余压报警装置是否良好：在上述检查的基础上，慢慢对中压软管进行泄压，同时观察压力表数值，当压力值下降到5.5±0.5 MPa时，能够发出声、光报警，则表征余压报警装置良好。

(4)外观检查：检查防护服、呼吸器背托、耐火安全绳等设备是否符合要求。

四、消防员装备的穿戴

消防员装备的穿戴可由一人独立完成，也可两人配合完成，大致穿戴流程如下：

(1)先穿好消防员装备中的裤子，然后穿上靴子，并将裤管套在靴筒外；

(2)背戴呼吸器，并调整松紧，然后旋开瓶头阀；

(3)穿妥上衣并扣好；

(4)戴好全面罩，并保证面罩紧贴面部，保持均匀呼吸；

(5)系好安全绳，戴好消防头盔、头罩、手套，携带安全灯及消防斧。

五、火场搜救

1. 进入前的准备

(1)评估搜救环境，如果舱室环境适合人员进入，则进入搜救；如果不适合，则不应进入。

(2)确保进入充满烟雾场所的人员穿戴消防员装备。

2. 搜救方式及注意事项

(1)进入舱室后，应首先检查舱门后面，然后顺时针或逆时针沿舱壁进行搜索，最后到舱室中交叉搜索。

(2)在搜救过程中，消防人员应采取曳步的方式行进，即身体重心在后脚，前脚试探，待确认安全后，再将后脚移至前脚位置，前脚继续试探。

(3)一只手握住安全灯，另一只手持消防斧在身前30～40 cm处上下移动，以防尖锐突出物碰到身体。

（4）如可行,应确保两人同进同出,并始终与外界保持联系。

（5）掌握搜寻受困人员的方法:

①问:通过询问的方式确认是否有受困人员;

②看:借助安全灯,查看是否有受困人员;

③听:倾听有无呼救声以及受困人员发出的其他声音;

④触:通过触摸的方式,确定是否有受困人员。

【思考题】

1. 简述消防员装备的组成。

2. 简述穿戴消防员装备前的检查。

第四节

其他消防器材

【要点】

除了手提式灭火器、推车式灭火器以及便携式泡沫发生器以外,船舶还配备了其他的消防器材,如紧急逃生呼吸装置、灭火毯、测爆仪、沙箱、防毒面具等。

【必备知识】

一、紧急逃生呼吸装置(EEBD)

1.配备要求

（1）根据 SOLAS 公约的要求,1 000 总吨及以上的货船应在起居处所和机器处所配备相应的紧急逃生呼吸装置。

（2）紧急逃生呼吸装置应配备在明显且易于到达之处。

2.性能要求

（1）紧急逃生呼吸装置仅在逃离有毒气体舱室时使用。

（2）紧急逃生呼吸装置应至少使用 10 min。

（3）紧急逃生呼吸装置不能用于进入火场灭火或进入缺氧舱室作业等。如进行上述操作,应戴上自给式压缩空气呼吸器。

3.结构组成

紧急逃生呼吸装置由头罩、压缩气瓶、压力表、减压装置以及输气管组成,如图 5-4-1 所示。头罩一般由不燃材料制成,用于保护头部及颈部。此外,头罩上还设有一个清晰明亮的视窗,便于使用者观看。通常压缩气瓶的工作压力为 21 MPa。

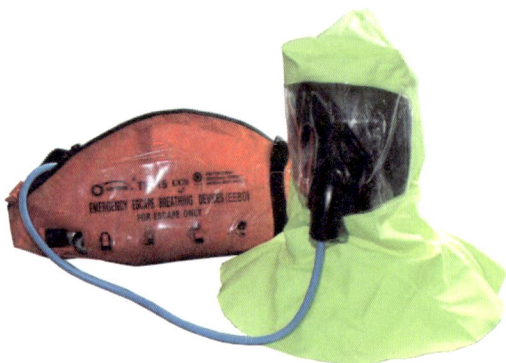

图 5-4-1　紧急逃生呼吸装置

4. 使用方法

紧急逃生呼吸装置上通常会印有指导使用的简要说明或图示,用于指导人员能够在较短的时间内学会使用并逃离有害气体舱室。具体穿戴操作如下:

(1)将挎包挂在脖子上或斜挎在肩上,并适当调整背带;

(2)打开挎包的粘贴或拉锁,去除头罩;

(3)旋开压缩气瓶的瓶头阀;

(4)将头罩套在头上,并保持视窗向前;

(5)调整呼吸,观察周围情况,逃离危险区域。

紧急逃生呼吸装置的穿戴如图 5-4-2 所示。

图 5-4-2　紧急逃生呼吸装置的穿戴

5. 维护保养

应定期做好紧急逃生呼吸装置的维护保养工作以保证其随时可用。日常维护保养主要包括:

（1）检查紧急逃生呼吸装置压缩气瓶的气压值是否满足要求；

（2）检查紧急逃生呼吸装置头罩是否完好；

（3）检查头罩、输气管、减压装置等之间是否连接牢固。

二、灭火毯

（1）灭火毯是用耐火材料制成或经过防燃浸渍处理的专门用于灭火的毯子，如图5-4-3所示。

图 5-4-3　灭火毯

（2）灭火毯应装在涂有醒目颜色（一般为红色）的包装袋内。

（3）使用时，将灭火毯从包装袋内取出，然后将其展开并覆盖在燃烧物上，就可以达到窒息灭火的目的。如有人员身上起火，也可以将灭火毯覆盖在着火部位进行灭火。

三、测爆仪

测爆仪，又称可燃气体检测仪，是检测可燃气体和蒸气的仪器，能够快速检测危险气体浓度是否低于爆炸下限或者可燃气体体积百分比，如图5-4-4所示。按采样方式的不同，测爆仪可分为扩散式和泵吸式两种；按仪器的监测原理不同，测爆仪可分为催化燃烧式、热导式以及红外线吸收式等。

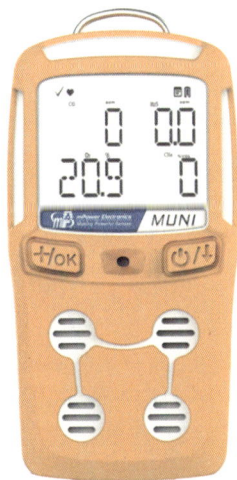

图 5-4-4　测爆仪

四、沙箱

沙箱是用来储存黄沙、浸渍过苏打的锯末或其他被认可的干燥材料的容器,如图 5-4-5 所示,其体积不应小于 0.1 m³。另外还应配备一把铲子,用于铺撒灭火材料。应保持黄沙干燥,工作人员每三个月检查一次。使用时将黄沙覆盖在燃烧物体表面,使其隔绝氧气从而达到窒息灭火的目的。

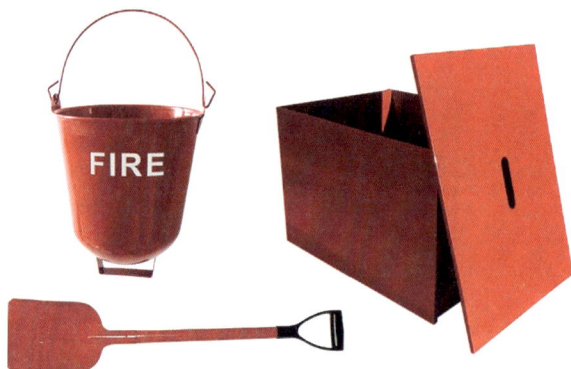

图 5-4-5　沙箱

五、防毒面具

按防护原理不同,防毒面具可分为过滤式防毒面具和隔绝式防毒面具。过滤式防毒面具由面罩和滤毒罐(或过滤元件)组成;隔绝式防毒面具由面具本身提供氧气,分贮气式、贮氧式和化学生氧式三种。

过滤式防毒面具是一种过滤式呼吸防护用品,如图 5-4-6 所示。它利用面罩与人面部周边密合,使人员的面部与周围染毒环境隔离,同时依靠滤毒罐中吸附剂的吸附、吸收、催化作用和过滤层的过滤作用将外界染毒空气进行净化,给人员提供用于呼吸的洁净空气。防毒面具一般由面罩、滤毒罐、导气管等组成。

图 5-4-6　过滤式防毒面具

　　为了防止面部皮肤过敏,高级的防毒面具的材质已由普通橡胶改为优质硅胶。优质硅胶能抗老化、防过敏,且耐用、易清洗。各种防毒面具的材质和结构不同,但都可以参照同样的使用方法,以下为硅胶大视野防毒面具使用方法:

　　(1)防毒面具使用前应检查:面罩是否有裂痕、破口,确保面罩与脸部贴合紧密;导气管有无破损、破裂;滤毒罐是否完好,是否在有效期内。

　　(2)佩戴防毒面具:首先,将面罩贴紧下颚,盖住口鼻;其次,一手压住口鼻处面罩,另一手将面罩后缘拉至头顶;再次,用双手将面罩拉向颈后;最后,调整面罩使其与面部贴合紧密。在确认面部与面罩的密合性良好后方可投入使用。使用时如闻到微弱的毒气气味,应立即离开有毒区域。过滤式防毒面具只能在空气中有毒气体浓度<2%、氧气浓度>18%的情况下使用。

　　【思考题】

　　1.简述船舶还有哪些消防器材。

　　2.简述紧急逃生呼吸装置的使用方法以及注意事项。

第六章
船舶火灾探测及报警系统

第一节
固定式探火和失火报警系统

【要点】

为了保证人命财产及船舶营运安全,船舶应配备火灾探测及报警装置,以便能够尽早发现初起的火,并通过报警呼唤其他人员及时进行扑救,以最大限度地减少火灾造成的损失。根据SOLAS公约及《国际消防安全系统规则》,船舶火灾探测及报警系统通常分为固定式探火和失火报警系统和抽烟探火系统。

【必备知识】

一、概述

固定式探火和失火报警系统是船舶配备的一个重要系统,主要用于保护驾驶室、生活区和服务处所以及机舱等区域。该系统与通用报警装置及广播系统相连,可在全船范围内发出火灾报警。

二、系统组成及工作原理

固定式探火和失火报警系统主要由控制单元、手动火灾报警按钮、探测器、电源单元、继电器、复示器以及报警器等组成。整个系统的工作原理如下:当被保护处所发生火灾时,火灾信号(如温度、烟雾等)被探测器监测后转变为电信号传送到控制单元;控制单元立即发出声、光报警并显示火灾发生的区域,同时产生另一个电信号传输至火灾处所,再转变为电信号,发出本地声、光报警。图6-1-1所示为固定式探火和失火报警设备布置。

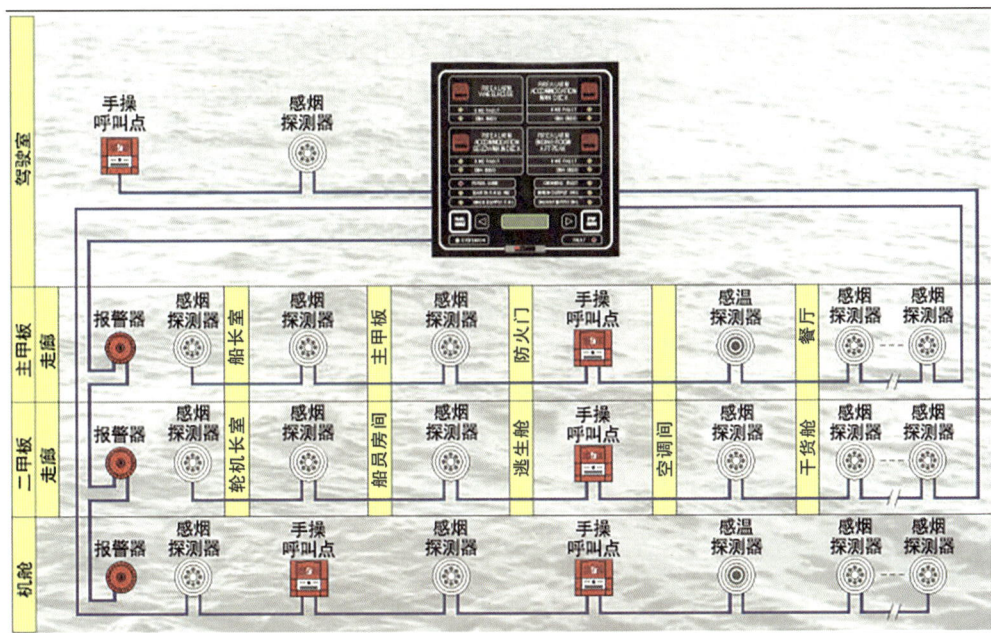

图 6-1-1　固定式探火和失火报警设备布置

1. 控制单元

控制单元通常安装在船舶驾驶室,是固定式探火和失火报警系统的重要组成部分,如图 6-1-2 所示。控制单元能够实现系统自检、火灾报警、系统故障报警等功能,如果火灾报警信号在 2 min 内没有得到确认,则控制单元会发出全船的火灾报警信号。

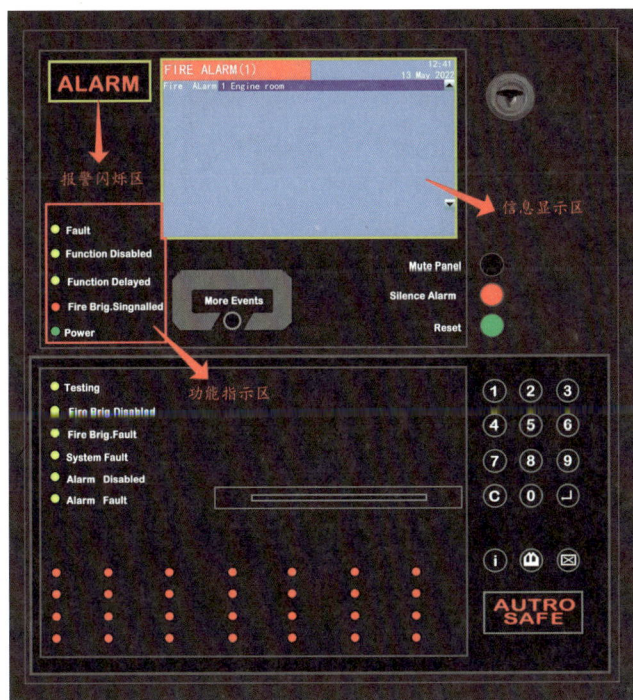

图 6-1-2　控制单元

2. 手动火灾报警按钮

通常情况下,手动火灾报警按钮应遍布起居处所、服务处所以及控制站等区域,除在上述区域的每一出口处安装一个手动火灾报警按钮外,其他手动火灾报警按钮均应布置于每层甲板走廊内易于到达之处,且任何位置与手动火灾报警按钮的距离不超过 20 m。手动火灾报警按钮如图 6-1-3 所示。

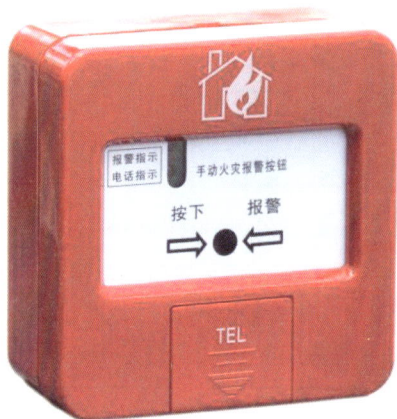

图 6-1-3　手动火灾报警按钮

3. 探测器

通常探测器安装于被保护处所,用于探测该处所是否发生火灾。探测器通常有感温探测器、感烟探测器、感光探测器三种,如图 6-1-4 所示。

（a）感温探测器　　　　　（b）感烟探测器　　　　　（c）感光探测器

图 6-1-4　探测器

（1）感温探测器

感温探测器又分为定温型探测器、差温型探测器和差定温型探测器三种。

定温型探测器是指当环境温度超过设定阈值时会发出火灾报警的装置。通常感温探测器应在环境温度超过 78 ℃ 之前报警,但超过 54 ℃ 之前不报警。但在干燥室和环境温度较高的处所,定温型探测器的动作温度可能高达 130 ℃,在桑拿室甚至可达 140 ℃。

差温型探测器是指单位时间内温度变化率超过设定阈值即可发出火灾报警的装置。

差定温型探测器是指结合上述两种特性的探测器,其灵敏度更高。

（2）感烟探测器

感烟探测器主要通过感应悬浮微粒和烟气来探知火灾的发生。常用的感烟探测器有两种类型：离子感烟式探测器和光电感烟式探测器。

根据《国际消防安全系统规则》，安装于船舶的梯道、走廊和起居处所脱险通道内的感烟探测器，应在烟雾浓度超过 12.5% 每米减光率之前动作。但在烟雾浓度超过 2% 每米减光率之前不应动作。

（3）感光探测器

感光探测器通常能感应到火光中的紫外线和红外线而发出火灾报警。

感温探测器一般安装于车床间、锅炉间、焚烧炉间、集控室等相对封闭的高温处所；感烟探测器安装于起居处所和服务处所的走廊、舵机间、应急消防泵间、机舱等处；感光探测器安装于机舱主机缸头上方，用于探测主机的明火。

4. 电源单元

为本系统供电的电源通常包括 AC 220 V 的主电源和 DC 24 V 的后备电源。

[思考题]

1. 简述固定式探火和失火报警系统的工作原理。

2. 简述固定式探火和失火报警系统的组成。

第二节

抽烟探火系统

[要点]

固定式探火和失火报警系统主要保护驾驶室、生活区和服务处所以及机舱等区域，而抽烟探火系统主要保护船舶货舱区域。一旦货舱区域发生火灾，抽烟探火系统能够及时探测并警示船员扑灭火灾。

[必备知识]

一、概述

与固定式探火和失火报警系统不同，抽烟探火系统主要保护船舶的货舱区域，抽烟探火系统如图 6-2-1 所示。其工作原理为：从被保护处所中抽取的空气流经聚烟器和取样管进入观察室，然后进入烟雾探测单元，被电子烟雾探测器监测。如果发现烟雾的减光率超过设定的阈值，则控制面板和复示器面板（通常在驾驶室）会同时发出警报。然后，船员可以查看，确认失火的舱室，并通过操作相应的三通阀以及灭火系统来完成灭火操作。

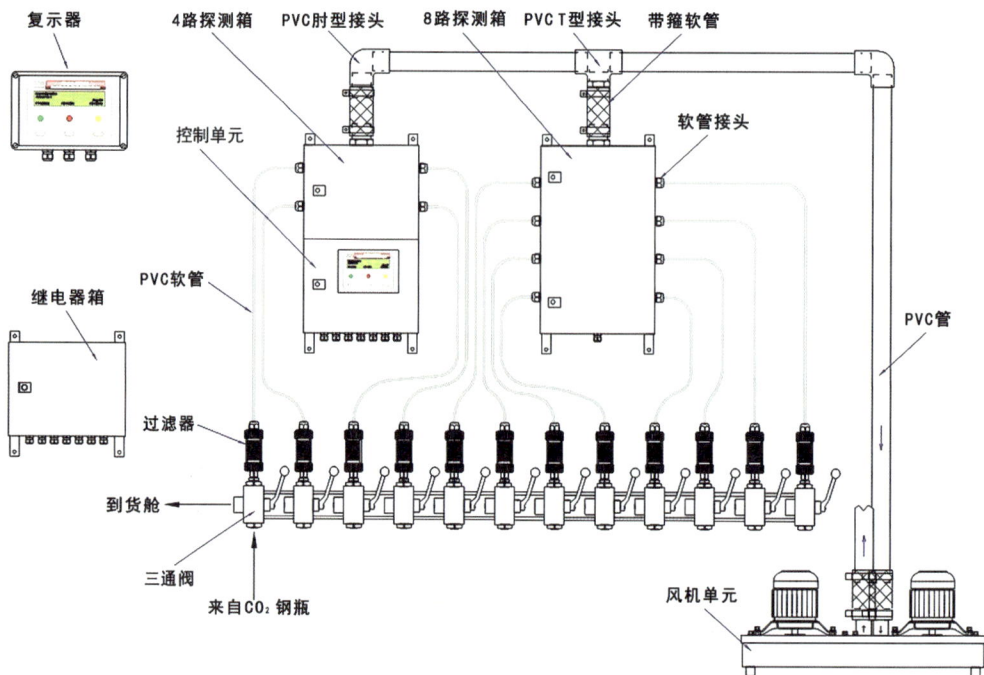

图 6-2-1　抽烟探火系统

二、组成部分

该系统由聚烟器、三通阀、控制单元、风机单元、复示器等组成。

1. 聚烟器

聚烟器应安装于每个货舱内取样管的末端,主要用于采集受保护处所内的空气样本,并通过取样管传输至烟雾探测单元。聚烟器应安装在被保护货舱内尽可能高的地方,且安装聚烟器的水平间距不超过 12 m。另外,不在同一货舱的聚烟器不得安装于同一取样管上,且每一取样点不应连接 4 个以上的聚烟器。

2. 三通阀

三通阀同时连接固定式气体灭火系统、抽烟探火系统和受保护舱室。通常情况下,阀门接通受保护舱室和抽烟探火系统,以便于进行火灾探测。当确认火灾发生时,重新操作三通阀,以便连接固定式气体灭火系统和受保护舱室完成灭火操作。

3. 控制单元

控制单元通常包括观察室、烟雾探测单元和控制单元显示屏,作为系统的主要组成部分,对被保护空间进行连续监控。控制单元能够将接收和处理完的信息直接显示在控制单元显示屏和复示器上。图 6-2-2 所示为控制单元显示屏。

烟雾探测单元通过检测烟雾浓度,判断是否有火灾。当烟雾浓度超过 6.65% 每米减光率时,烟雾探测单元就会发出火灾信号。

控制单元显示屏可以显示火灾报警信息和故障信息,并发出相应的声、光报警。此外,控制单元显示屏还具备手动确认火灾报警、故障报警等报警信息的功能。

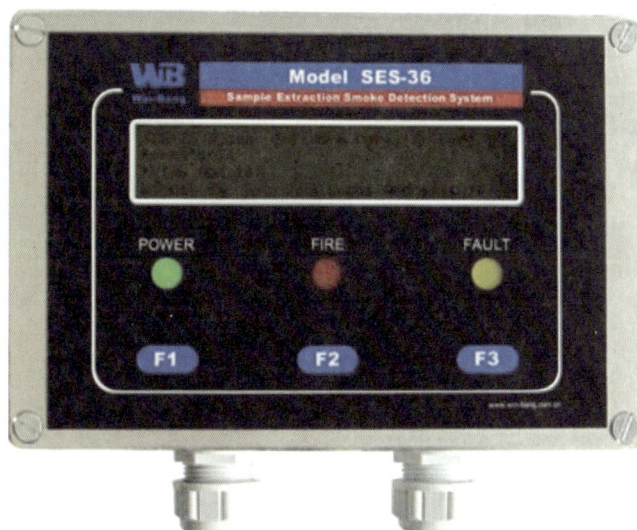

图 6-2-2 控制单元显示屏

4. 风机单元

根据《国际消防安全系统规则》,船舶应配备双套取样风机,且风机的性能应保证被保护区域的设备在正常或通风条件下均能正常运行。

5. 复示器

复示器通常安装在驾驶室,且应与控制单元显示屏一样,能够显示火灾报警信息和故障信息。

【思考题】

简述抽烟探火系统的工作原理及结构组成。

第七章
船舶灭火系统

第一节
水灭火系统

【要点】

水灭火系统是船舶最重要的消防系统之一,其管系遍布整个船舶,可以为全船任意一点提供消防水扑灭火灾。

【必备知识】

一、概括

水灭火系统是所有船舶均应配备的灭火系统,主要由消防泵、应急消防泵、消防管系、消火栓、消防水带、消防水枪和国际通岸接头等组成。

水灭火系统的工作流程为:当船舶发生火灾时,机舱人员按照指令启动消防泵或应急消防泵;海水在(应急)消防泵的作用下,经海底阀进入消防总管,再经消防支管流至各消火栓处,最后经与消火栓连接的消防水带和消防水枪,喷射至着火区域。

二、结构组成

1. 消防泵

消防泵是消防水输送及喷射的动力来源,一般安装在船舶机舱区域。消防泵的相关要求如下:

(1)根据 SOLAS 公约的要求,4 000 总吨及以上的客船,至少应配备 3 台独立的消防泵;4 000 总吨以下的客船和 1 000 总吨及以上的货船,至少应配备 2 台独立的消防泵。

(2)船舶上的卫生泵、压载泵、舱底泵或者通用泵在满足相应压力和容量要求的前提下可用作消防泵,但这些泵均不能用于输送油类。

(3)每台消防泵的排量应不小于 25 m^3/h,且至少应能维持 2 股所需水柱。

2. 应急消防泵

当船舶任何一个舱室失火可能导致所有消防泵失去作用时,可由应急消防泵为船舶继续供水。根据驱动方式不同,应急消防泵可分为柴油机驱动泵和电驱动泵。应急消防泵的具体要求如下:

(1)应急消防泵应独立于主消防泵,以便在任何一个舱室发生火灾时不会使主消防泵和应急消防泵都无法工作。

(2)应急消防泵的排量应不低于船舶所要求主消防泵总排量的 40%,而且在任何情况下不低于下列排量:

①小于 1 000 总吨的客船和 2 000 总吨及以上的货船:25 m^3/h。

②小于 2 000 总吨的货船:15 m^3/h。

(3)由柴油机驱动的应急消防泵,其燃油供应柜所装盛的燃油应能使应急泵在全负荷下至少运行 3 h,同时应储备足够数量的燃油,以保证应急泵在全负荷下再运行 15 h。

3. 消防管系

消防管系是消防水输送的主要通道,应满足以下要求:

(1)消防总管和消防支管的直径应足够有效地满足 2 个同时工作的消防泵传输所需的最大出水量。

(2)消防管系的布置应能防止其冻结。

(3)船舶的消防管系应设有适当的排水设施。

(4)应在机舱区域外易于接近的位置设有 1 个隔离阀,用于隔离机舱区域以及其他区域。当隔离阀关闭时,机舱区域外的其他区域可由应急消防泵进行供水。消防系统隔离阀如图 7-1-1 所示。

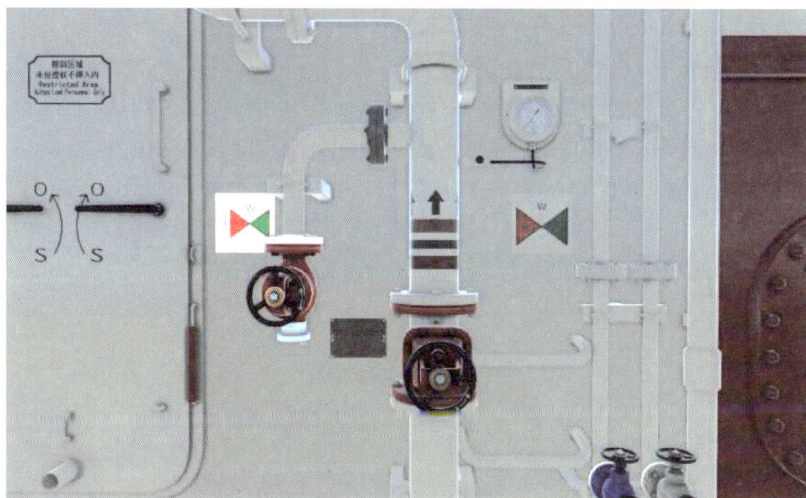

图 7-1-1 消防系统隔离阀

4. 消火栓

(1)每个消火栓均应配备 1 条消防水带和 1 个消防水枪,且消火栓的布置应便于消防水带与其相连接。

（2）船舶消火栓的布置应能保证至少 2 股水柱可喷射到乘客或船员通常可到达的船舶任何部分及任何货舱的任何部分，且其中 1 股水柱应为单一水带供水。

（3）消火栓的设置应能防止其冻结。

5. 消防水带

（1）消防水带应由主管机关认可的不腐材料制成。

（2）每条消防水带应配备 1 个消防水枪以及必要的接头。消防水带以及必要的配件和工具，应放置于消火栓或其附近明显的地方，且处于随时可用状态。

（3）消防水带的长度至少为 10 m，但：

①配备于机器处所的，不得超过 15 m；

②配备于其他处所及露天甲板的，不得超过 20 m；

③配备于最大型宽超过 30 m 的船舶的开敞甲板的，不得超过 25 m。

（4）消防水带的配备数量应符合：

①对于客船，每个消火栓至少应有 1 条消防水带。

②对于 1 000 总吨及以上的货船，每 30 m 船长配备 1 条，以及 1 条备用。但任何情况下不得少于 5 条。

③对于不超过 1 000 总吨的货船，每 30 m 船长配备 1 条，以及 1 条备用。但任何情况下不得少于 3 条。

6. 消防水枪

（1）船舶要求配备的消防水枪应为带有关闭装置的直流、喷雾两用型水枪。因此，水枪既可以喷射直流水流，又可以喷射雾状水流。

（2）消防水枪的口径应为 12 mm、16 mm 以及 19 mm 或尽可能与其接近的尺寸。通常，起居处所和服务处所的消防水枪的口径不大于 12 mm。

7. 国际通岸接头

500 总吨及以上的船舶至少应配备 1 套国际通岸接头，主要用于岸上或他船向本船供应消防水。国际通岸接头应放置在易于到达之处，且能够从船舶的任意一舷使用。国际通岸接头如图 7-1-2 所示。

图 7-1-2 国际通岸接头

国际通岸接头由标准法兰、4 副螺栓和螺母以及垫圈组成,其组成结构的具体尺寸如表 7-1-1 和图 7-1-3 所示:

表 7-1-1 国际通岸接头标准尺寸

名称	尺寸
外径	178 mm
内径	64 mm
螺栓圈直径	132 mm
法兰槽口	直径为 19 mm 的孔 4 个,等距离分布在上述直径的螺栓圈上,开槽口至法兰盘的外缘
法兰厚度	至少为 14.5 mm
螺栓和螺母	4 副,每副的直径为 16 mm,长度为 50 mm

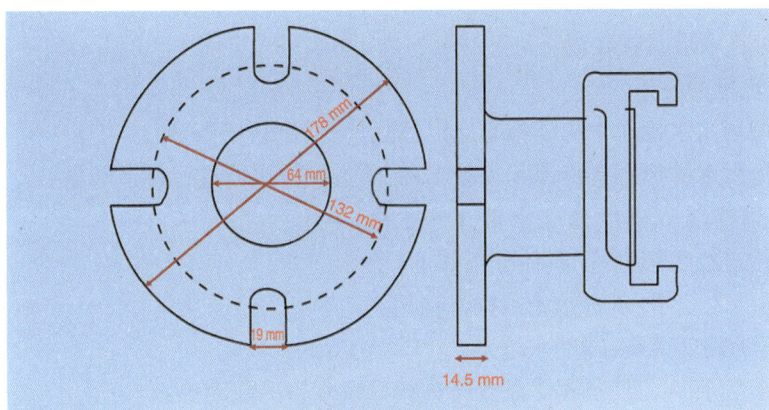

图 7-1-3 国际通岸接头标准尺寸

三、操作训练

水灭火系统的操作训练主要包括消防水带的铺设与卷收,消防水带与消防水枪、消火栓的连接,消防水枪的使用等内容。

根据存放方式不同,消防水带主要分为卷盘式消防水带以及绞盘式消防水带。

1. 消防水带的铺设与卷收

以卷盘方式存放的消防水带的铺设操作如下:

(1)右手捏住卷好的水带,大拇指及食指捏住最外两圈(接头朝前),其余三个手指钩住第三、四圈水带。

(2)左脚在前、右脚在后、弯腰,将水带前后摆动(摆幅不宜过大),接着向前甩出水带,甩出水带时大拇指及食指始终捏住最外两圈皮龙,其余三指伸直,水带就会顺势滚向前方。

(3)水带抛出后应成直线、完全展开,偏离正前方左右范围不大于 1 m。水带抛出时,金属连接头不得脱手落地。

卷收操作如下：

（1）水带使用完毕后，要先倒出水带中的余水。

（2）协助卷收人员将水带对折形成双层，下层水带要比上层水带长出约 30 cm，用脚踩住水带靠近接头的部位；卷收人员在另一端将两层水带抖动拉直、平铺叠好后开始弯腰卷收；协助卷收人员前往卷收人员前方约 2 m 处，双脚立于水带左右并跨于水带上方，俯身弯腰双手托起上层水带，将两层水带叠放整齐，便于卷收人员卷收；随着卷收人员向前卷收，协助卷收人员慢慢向后退，直至卷收完毕。

（3）盘卷好的水带两金属接头差距小于 10 cm。

2. 消防水带与消防水枪、消火栓的连接

将水带一端金属接头的两个锁舌对准另一水带或水枪或消火栓接头对应的凹槽，推进后转动锁定即可。

以绞盘式存放的水带的操作方式较为简单。打开消防水带箱，按操作要领将水枪与水带连接好，然后将水带从绞盘上全部拉出即可。灭火操作之后，将水排净，然后拆下水枪，再用绞盘将水带卷收妥当。

3. 消防水枪的使用

（1）使用消防水枪射水的姿势有立射、跪射、卧射和肩射 4 种。

（2）水枪射水的形态有直流和雾状 2 种，通过操作水枪进行调节转换。

4. 组合训练（4 人一组，2 条水带，1 个水枪）

4 人一组进行水带训练，具体分工如下：

（1）1 号为水枪手，负责水枪的操作使用；

（2）2 号为辅助人员，辅助水枪手；

（3）3 号为协助人员，负责 2 条水带连接以及水带的拖动等；

（4）4 号为机动人员，负责消火栓的开闭以及辅助 1 号、2 号人员。

具体训练操作如下：

（1）听到"开始"命令时，4 号向火场方向抛出 1 条水带，随即将上层接头交给 3 号，将下层连接至消火栓，做好送水准备工作。

（2）3 号接到水带接头后，向前方跑动直至水带伸直。

（3）听到"开始"命令时，1 号携带水枪、2 号携带水带向火场方向跑动，前进大约 20 m 后，2 号将水带抛出，上层接头交给 1 号，下层接头交给 3 号。

（4）1 号拿到水带接头后，继续向前跑动，边跑边对接。当水带伸直时，保持一脚在前，另一脚在后，一只手握水枪中部，另一只手握水枪连接口处并夹紧腋下，站稳。此时，3 号将 2 条水带接头相连。2 号到 1 号后面进行辅助，并保持与 1 号在水带的同侧，一只手托住水带，另一只手及前臂顶住 1 号两肩胛骨位置。

（5）准备完毕后，1 号下令"开阀"，依次传递口令；4 号收到命令后，打开消火栓阀门，然后就可以跑至 2 号后进行辅助。

（6）4 人可以练习 4 种射水姿势、2 种射水状态以及前、后、左、右的行进状态。

（7）训练结束时，1 号下令"关阀"，依次传递口令；4 号收到口令后，完成关阀操作。然后 4 人分 2 组，按要求完成水带卷收工作。

【思考题】

1. 水灭火系统由哪几部分组成?

2. 消防水带训练主要包括哪些内容?

第二节
固定式二氧化碳灭火系统

【要点】

固定式二氧化碳灭火系统是船舶配备的一种重要的消防系统。根据储存方式的不同,固定式二氧化碳灭火系统可分为低压二氧化碳灭火系统和高压二氧化碳灭火系统。

【必备知识】

一、二氧化碳的灭火浓度

(1)对于普通货物火灾,利用二氧化碳进行灭火时,其释放量应满足货舱总容积的30%。

(2)对于油类火灾,利用二氧化碳进行灭火时,其释放量应不少于被保护处所总容积的40%。

(3)对于非特种处所的车辆处所以及滚装处所,二氧化碳的释放量应至少为此类舱室最大可密封舱容的45%。

二、低压二氧化碳灭火系统

1. 概述

低压二氧化碳灭火系统是指将二氧化碳灭火剂储存在采用隔热材料制成的低温容器中用来灭火的系统,如图 7-2-1 所示。通常情况下,低压二氧化碳灭火系统的存储条件为:

(1)存储压力大约为 2.0 MPa;

(2)存储温度为 $-20 \sim -18$ ℃。

2. 组成

(1)储存罐

储存罐应为钢质压力容器。罐体单元安装在矩形钢质框架上,并由隔热支架固定,且保持随时可用。

(2)制冷装置

制冷装置通常安装在罐体单元的末端,并可同时满足机械和电气制冷。制冷剂应为环保型,压缩机和冷凝器上的冷却回路的冷却方式为水冷或空气冷却。

(3)二氧化碳液位指示器

为了能够准确计量储存罐内二氧化碳的液位高度,系统安装了电容式液位指示器。

该指示器的精度为±2%,且配备了一个报警装置,用以表征最低灌装量。

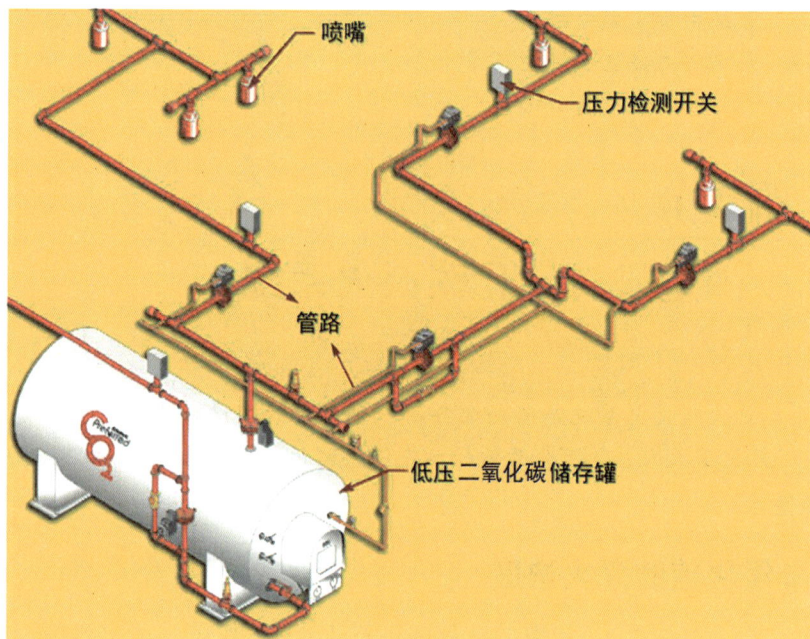

图 7-2-1　低压二氧化碳灭火系统

(4)控制单元

在储存罐末端还设有一个控制单元,包含制冷装置、液位指示器及各种报警灯和指示器等。

(5)二氧化碳释放装置

通过操纵二氧化碳释放装置的主控制箱可以实现遥控控制截止阀和分配阀的开闭,最终达到释放二氧化碳气体的目的。

3. 低压二氧化碳灭火系统的优势

与高压二氧化碳灭火系统相比,低压二氧化碳灭火系统的优势如下:

(1)系统的结构组成及管系布置更简洁;

(2)系统设备的总重量减少50%以上;

(3)二氧化碳灭火剂在低压环境下状态更加稳定。

三、高压二氧化碳灭火系统

1. 性能特征

(1)高压二氧化碳灭火系统主要用于保护机舱、分油机间、货舱等区域。

(2)85%的气体须在 2 min 内排放至机舱区域。

(3)能够发出声、光报警,用以警示人员撤离至安全区域。

(4)无论在何种情况下,在二氧化碳释放前应有不少于 20 s 的警示时间。

(5)对于载运集装箱或普通货物的货舱,固定管系的布置应能使至少 2/3 的气体在 10 min 内排放至其内;对于固体散货货舱,固定管系的布置应能使至少 2/3 的气体在

20 min 内排放至其内。系统控制装置的布置应允许根据货舱的装载条件排放 1/3、2/3 或全部体积的气体。

2. 组成

高压二氧化碳灭火系统由二氧化碳气瓶、瓶头阀、管路、压力仪表、分配阀、喷嘴、遥控释放装置和安全泄放阀组成。高压二氧化碳灭火系统如图 7-2-2 所示。

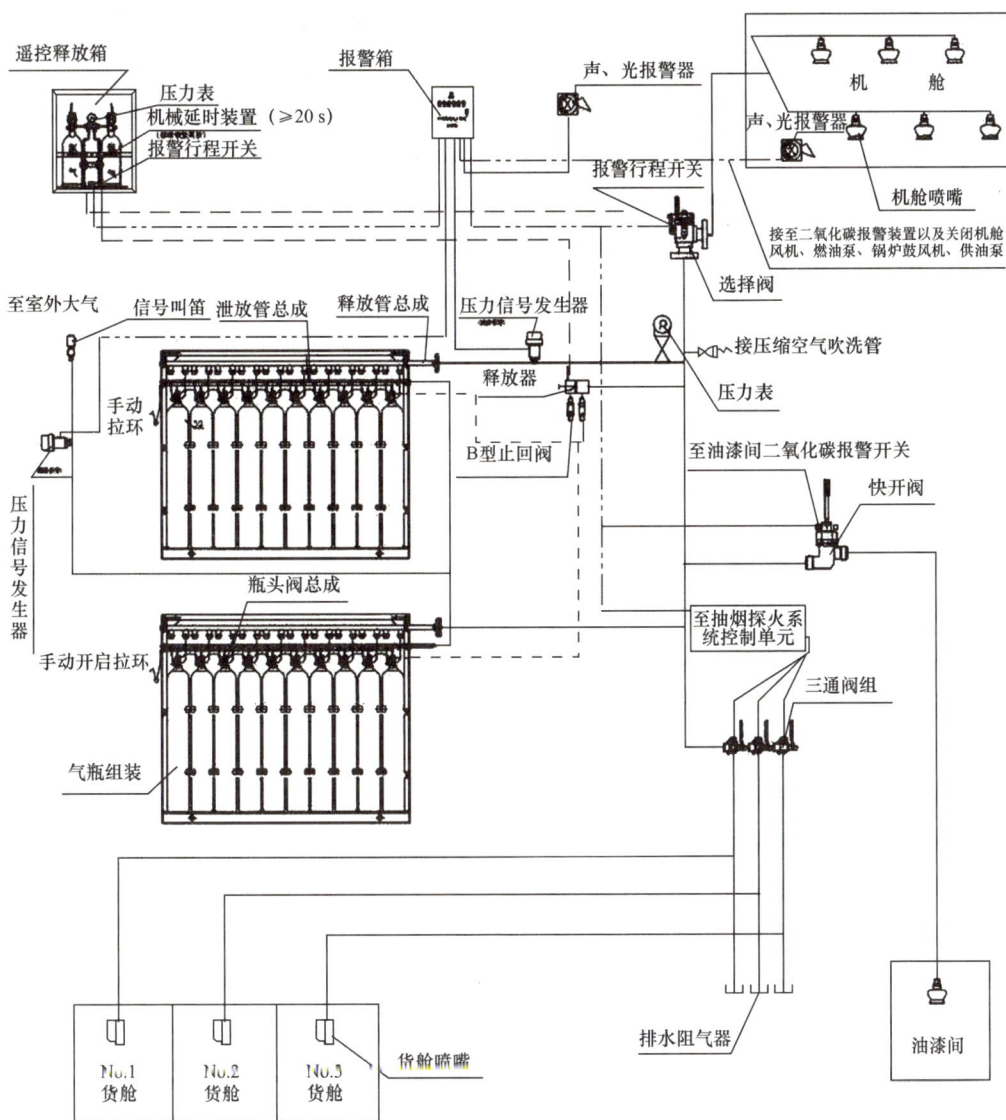

图 7-2-2　高压二氧化碳灭火系统

（1）通常情况下，船用二氧化碳灭火系统的气瓶规格为 68 L/45 kg。

（2）瓶头阀是开启气瓶释放二氧化碳的阀门，通常有手动和气动两种启动方式。高压二氧化碳气瓶瓶头阀如图 7-2-3 所示。

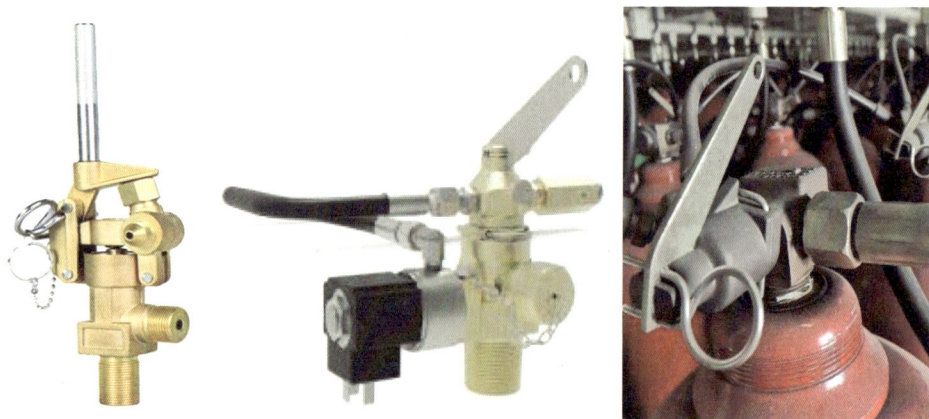

图 7-2-3　高压二氧化碳气瓶瓶头阀

（3）管路的作用是输送释放的二氧化碳。

（4）分配阀是控制释放的二氧化碳流向机舱还是货舱的阀。

（5）遥控释放装置如图 7-2-4 所示,包括两个驱动气瓶、一个压力表、多个控制阀、行程开关以及延时器装置等部分,主要用于实现二氧化碳的远程释放。两个驱动气瓶是气动开启分配阀和二氧化碳气瓶瓶头阀的动力源。当打开遥控释放箱箱门时,能够触发本地报警。延时器装置的作用是保证管路中分配阀的阀门先被开启。

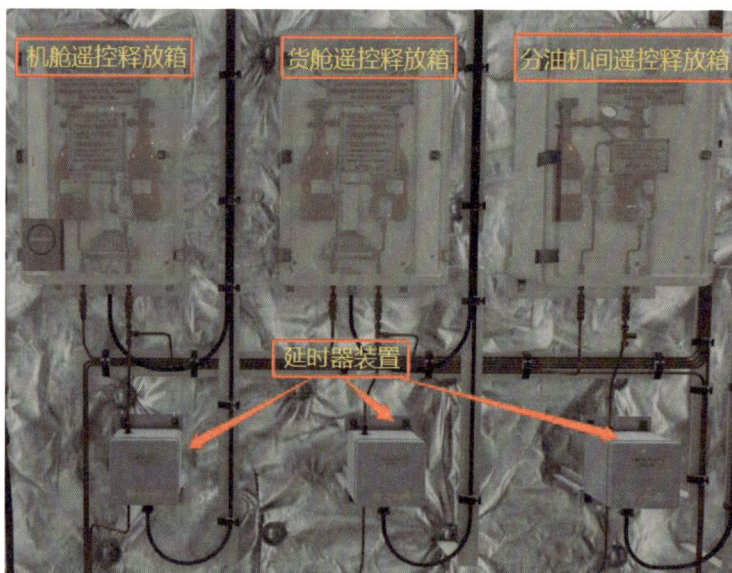

图 7-2-4　遥控释放装置

（6）喷嘴位于管路的末端,用于喷出二氧化碳。高压二氧化碳灭火系统的喷嘴如图 7-2-5 所示。

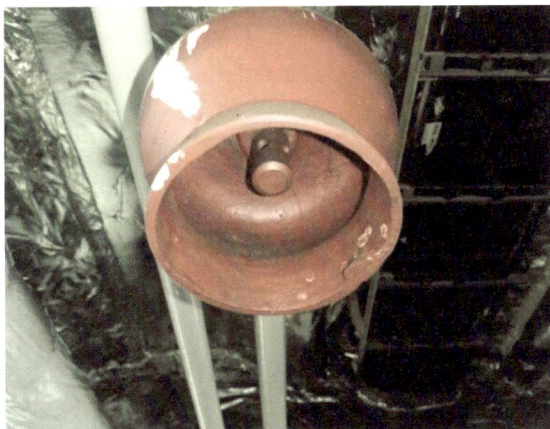

图 7-2-5　高压二氧化碳灭火系统的喷嘴

3. 机舱灭火流程

当机舱发生火灾且呈蔓延态势时,使用手提式灭火器无法扑灭,则应考虑利用二氧化碳灭火系统。需要注意的是,释放二氧化碳前应确保人员已全部撤离机舱。根据操作方式的不同,二氧化碳灭火系统的释放操作可分为遥控释放操作及手动释放操作两种。二氧化碳灭火系统的遥控释放操作流程如下:

(1)到达消防控制站,取出遥控释放箱的钥匙,打开箱门,此时机舱区域会发出二氧化碳释放报警,有的船舶还会导致风机和油泵的关闭;

(2)关闭机舱燃油柜、滑油柜的阀门;

(3)确认人员已全部撤离机舱区域,然后封闭机舱区域;

(4)打开驱动气瓶及相关控制阀,保证驱动气体能够气动开启分配阀和二氧化碳气瓶的瓶头阀;

(5)二氧化碳通过管路、分配阀,最终经喷嘴释放到机舱。

当二氧化碳灭火系统的遥控释放不可用时,可通过手动释放完成,具体流程如下:

(1)手动开启机舱区域的释放分配阀,此时机舱区域应发出报警声;

(2)确认人员已全部撤离机舱区域,然后封闭机舱区域;

(3)依次手动开启二氧化碳气瓶瓶头阀;

(4)二氧化碳流经瓶头阀、管路、分配阀,最终通过喷嘴释放到机舱。

4. 货舱灭火流程

当货舱发生火灾,确需利用二氧化碳灭火系统灭火时,应按如下流程操作:

(1)通过防火巡逻或抽烟探火系统等方式确认起火的货舱;

(2)确认货舱无人且封闭良好;

(3)手动开启货舱区域的释放分配阀;

(4)操作失火货舱的三通阀阀门,确保二氧化碳释放至货舱的管路畅通;

(5)手动开启二氧化碳气瓶瓶头阀,二氧化碳气体就会释放至失火货舱灭火。

当前,部分大型集装箱船也配备了货舱的遥控释放箱,实现了货舱灭火的遥控释放操作。

【思考题】

1. 简述高压二氧化碳灭火系统的组成部分。
2. 简述利用高压二氧化碳灭火系统进行机舱灭火的操作步骤。
3. 简述利用高压二氧化碳灭火系统进行货舱灭火的操作步骤。

第三节
固定式泡沫灭火系统

【要点】

固定式泡沫灭火系统主要配备于油船、化学品船等液货船,主要包括固定式甲板泡沫系统和固定式高倍泡沫系统两种。固定式甲板泡沫系统主要保护船舶的甲板区域,固定式高倍泡沫系统主要保护船舶的机舱、泵舱等区域。

【必备知识】

一、固定式甲板泡沫系统

1. 概述

固定式甲板泡沫系统是将泡沫原液和海水按一定比例混合,通过管路连接的泡沫炮(枪)喷口高速喷射时吸入空气形成泡沫,将其喷射到任何液货舱甲板失火区域,或甲板已经破裂的任一液货舱内,在燃烧液面上形成泡沫层,通过冷却降温、隔绝空气和切断着火源达到灭火的目的。根据 SOLAS 公约的要求,对于载重量为 20 000 t 及以上的液货船,船舶须配备一套固定式甲板泡沫系统。

2. 性能要求

(1)固定式甲板泡沫系统应能将泡沫输送到整个液货舱甲板区域,并能将泡沫送入甲板破裂的任何液货舱内。

(2)固定式甲板泡沫系统操作应简单而迅速。

(3)应能从消防总管按所需压力同时喷射至少 2 股水柱。

(4)应配备足量的泡沫浓缩剂,保证未装设惰性气体装置的液货船能产生泡沫至少30 min,保证安装了惰性气体装置的液货船能产生泡沫至少 20 min。

(5)应在艉楼或面向液货舱甲板的起居处所的前端左右两舷各装设一个泡沫炮和用于泡沫枪的软管接头,且应位于任何液货舱的后方。泡沫炮的喷射能力应不低于3 L/(min·m²),同时,总量应不低于 1 250 L/min。对小于 4 000 载重吨的液货船,仅各装设一个供泡沫枪使用的软管接头即可。

3. 组成

固定式甲板泡沫系统主要由泡沫液罐、泡沫泵、消防泵、比例混合器、隔离阀、管路、泡沫炮(枪)等组成。

(1)泡沫液罐:用于储存泡沫溶液。

（2）泡沫泵：为泡沫输送提供动力。

（3）消防泵：输送消防水的动力来源。

（4）比例混合器：用于混合形成适当配比的泡沫混合液。

（5）隔离阀：在泡沫总管和消防总管上紧靠泡沫炮前的位置处设有隔离阀，以便隔离这些总管的损坏部分。

（6）管路：用于输送泡沫液至被保护区域的泡沫枪或泡沫炮处。

（7）泡沫炮（枪）：系统的末端部分，用于喷射泡沫。图 7-3-1 所示为手动及电动泡沫炮。

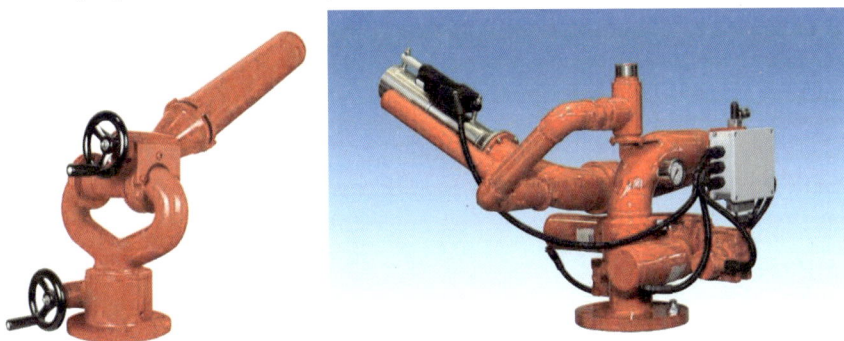

图 7-3-1 手动及电动泡沫炮

二、固定式高倍泡沫系统

1. 概述

固定式高倍泡沫系统是一种固定式全淹没灭火系统，主要用于保护机舱、货泵间、车辆处所和滚装处所。其可用泡沫浓缩物应足以产生至少 5 倍于被保护场所体积的泡沫液。固定式高倍泡沫系统的灭火原理主要为隔绝氧气窒息及吸热冷却。

根据泡沫中所含空气的来源不同，固定式高倍泡沫系统的泡沫可分为外部空气成泡和内部空气成泡。

2. 组成

与固定式甲板泡沫系统类似，固定式高倍泡沫系统由泡沫液罐、泡沫泵、比例混合器、控制阀、管道、高倍泡沫发生器等组成。高倍泡沫发生器是系统的末端，由风机、泡沫罩、泡沫喷嘴组成。图 7-3-2 所示为高倍泡沫发生器。

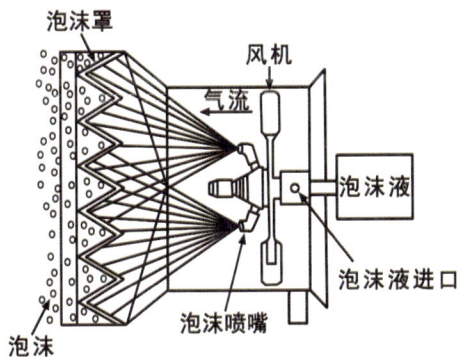

图 7-3-2 高倍泡沫发生器

3. 穿越充满高倍泡沫的舱室

虽然在释放高倍泡沫前应按要求向机舱、货泵舱等被保护区域发出声、光报警,以警示人员撤离。但由于多种原因,人员可能未全部撤离,因此为了搜救受困人员,可能需要穿越充满高倍泡沫的舱室。

对于外部空气成泡的高倍泡沫,由于空气比例较大,泡沫中的空气可以支撑穿越人员的呼吸,因此,不需要穿戴防护设备。搜救过程中应注意:

(1)进入舱内搜索时,应尽可能选择顺时针或逆时针方式中的一种,沿舱壁进行搜索。

(2)穿越时,可以利用工具(毛巾或面罩)或用手(手指叉开,护住口鼻)来过滤泡沫。当泡沫破裂时,从中释放出来的空气能够维持穿越人员的呼吸。

(3)进入舱室搜救时,应绑扎一根安全绳与外界进行沟通联系。

在利用火灾区域内部空气成泡的高倍泡沫灭火时,在穿越前一定要戴好自给式压缩空气呼吸器。

【思考题】

1. 简述固定式甲板泡沫系统的组成部分。

2. 简述固定式高倍泡沫系统的组成部分。

3. 简述穿越充满高倍泡沫的舱室时的注意事项。

第四节

固定式干粉灭火系统

【要点】

固定式干粉灭火系统主要配备于液化气船上,用以保护甲板货舱区域和船舶首尾货物装卸区域。

【必备知识】

一、概述

固定式干粉灭火系统主要配备在液化气船上,通过使用化学干粉来保护甲板货舱区域以及船舶首尾货物装卸区域。系统的工作原理为:当甲板货舱区域发生火灾时,打开氮气驱动气瓶,向系统的干粉罐内释放驱动气体,将干粉罐内的干粉吹送出来,并通过管路吹送至干粉炮(枪)喷出。

二、组成

固定式干粉灭火系统主要由干粉罐、驱动气瓶、氮气瓶组、管路、减压阀、干粉炮(枪)等部分组成。

(1)干粉罐:用于存储化学干粉。

（2）驱动气瓶：用于触发启动氮气瓶组。

（3）氮气瓶组：气瓶中存储着加压气体，用于排出干粉罐中的化学干粉。

（4）管路：用于输送干粉至被保护区域的干粉枪或干粉炮处。

（5）减压阀：能够将高压驱动气体减压到中压，并将其稳定输送到干粉罐内。

（6）干粉炮：固定式的干粉喷嘴，用于保护货舱区域及装卸区域。

（7）干粉枪（包括软管）：手持式的干粉喷嘴，用于保护干粉炮没有覆盖的区域。

图 7-4-1 所示为干粉罐及氮气瓶组，图 7-4-2 所示为干粉炮。

图 7-4-1　干粉罐及氮气瓶组

图 7-4-2　干粉炮

三、性能要求

（1）船舶货舱区域应至少配备 2 套包括控制单元、管路、干粉炮或手持软管等在内的化学干粉装置。

（2）船舶首尾的装卸区域应配备 1 套额外的化学干粉系统，并至少配有 1 个干粉炮和手持软管。

（3）干粉罐内应储存足够的化学干粉,保证连接到罐体的所有干粉炮和手持软管至少喷射 45 s。

（4）手持软管及干粉枪应存放在易于接近的风雨密的装置内,且手持软管的长度不超过 33 m。

（5）通常在靠近干粉炮或手持软管的附近,设置一个能够启动干粉系统的控制站,并张贴系统操作说明书。

四、操作

干粉系统的喷射操作如下：

（1）将干粉炮（枪）备妥；

（2）打开驱动气瓶的箱门；

（3）打开驱动气瓶瓶头阀,释放驱动气体,触发启动氮气瓶组；

（4）将干粉炮（枪）对准火源,喷射化学干粉；

（5）灭火后,关闭干粉罐的进气阀及出粉阀。

【思考题】

1. 简述固定式干粉灭火系统的组成部分。

2. 简述固定式干粉灭火系统的操作步骤。

第五节

细水雾系统和自动喷淋系统

【要点】

水是船舶常用的灭火剂之一,除了水灭火系统外,部分船舶还会配备细水雾系统和自动喷淋系统用于灭火。

【必备知识】

一、细水雾系统

细水雾系统通过泵和管系向被保护区域喷出类似浓雾的灭火介质。根据 SOLAS 公约的要求,2002 年 7 月 1 日或以后建造的 500 总吨及以上的客船、2 000 总吨及以上的货船,其 A 类机器处所的容积超过 500 m^3 时,应增设固定式局部水基灭火系统,即细水雾系统。

细水雾系统作为机舱固定式灭火系统之外的补充,旨在全面灭火之外提供一种针对单一设备灭火的方式,同时也可以为固定式灭火系统的应用提供缓冲时间。细水雾系统的灭火原理为水通过喷嘴后形成细小水雾,遇高温后迅速汽化,使被保护区域的氧浓度降低,起到很强的汽化降温、隔氧窒息、隔热等作用,以达到迅速灭火的目的。

细水雾系统通常由泵站系统、控制面板、水箱、管道和喷嘴组成,图 7-5-1 所示为高压细水雾喷嘴。

图 7-5-1　高压细水雾喷嘴

二、自动喷淋系统

1. 概述

自动喷淋系统通常配备在客船和采用 IIC 法的货船上，用来保护起居处所和服务处所。当环境温度超过喷头设定的阈值时，系统自动喷淋，并发出声、光报警，警示船员进行火灾扑救。

2. 组成

自动喷淋系统由喷水泵、压力水柜、自动监测及报警单元、管路、喷头和试验阀组成。

（1）喷水泵：用于自动喷淋系统的喷水泵应为独立的动力泵，且在压力水柜中淡水排尽前应能由系统的降压而自动启动。喷水泵通常由 2 套动力源供电，其排量应满足在喷嘴所需压力下以不低于 5 L/（m² · min）的速率保护 280 m² 以上的区域。

（2）压力水柜：压力水柜内所装盛的淡水应满足喷水泵 1 min 的排水量。

（3）自动监测及报警单元：通常设置于船舶驾驶室或连续有人值班的消防控制站内，用以指示设备故障或火灾发生区域。

（4）管路：用于输送消防用水至被保护区域的喷头处。

（5）喷头（图 7-5-2 所示为水喷淋喷头）：

图 7-5-2　水喷淋喷头

①喷头应能抵抗海洋大气的腐蚀；

②每个分区的喷头不应多于 200 只;

③为了实现自动喷淋释放,系统所用喷头为闭式喷头,并装有独立的热敏原件,当喷头周围温度超过预设的激活温度时,就会触发喷头喷淋,其喷淋效果如图 7-5-3 所示。通常,居住处所和服务处所喷头的动作温度为 68~79 ℃。

图 7-5-3 喷头喷淋效果

(6)试验阀:主要用于系统的降压试验。打开试验阀后,系统中贮存的淡水流出,导致系统压力下降,触发声、光报警,同时消防泵也能够自动启动。

【思考题】

1.简述细水雾系统的灭火原理。

2.简述自动喷淋系统的组成。

第八章
船舶消防演习

第一节
船舶消防组织

【要点】

虽然船舶建造时已经采取了必要的结构防火措施,但船舶营运过程中不可避免地会发生火灾,因此船舶应尽可能建立良好的消防组织,加强消防技能训练,定期开展消防演习,从而更好地应对船舶火灾。

【必备知识】

船舶消防组织是在船员组织的基础上,结合船舶消防设备配备及消防应急的实际任务需求,将人员重新组合划分为不同的消防应变队伍。

通常情况下,船舶消防组织主要包括指挥控制组、机舱组、消防队、隔离队、救护队以及技术队等,如图 8-1-1 所示。各应急队的职责任务如下:

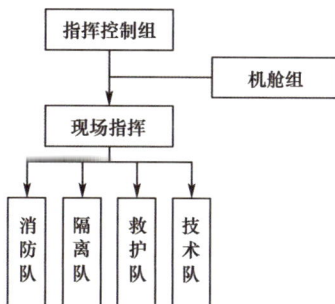

图 8-1-1　船舶消防组织

1. 指挥控制组

指挥控制组负责整个消防应急行动,其最终目标是确保人、船、货物及环境安全。在消防应急过程中,指挥控制组应迅速收集其他几个消防应急组的信息,并根据上述信息,对整个紧急形势和发展趋势做出预判,并确定正确的战略和战术目标;在确定的战略和战术目标指导下,下达命令。指挥控制组在收到各种信息时,需要实事求是地进行记录。如果船舶在航行期间,指挥控制组还需根据船舶所处的海域情况,适当采取各种操纵措施,保障船舶航行安全。

2. 机舱组

根据船舶应变部署的要求,机舱组应安排固定值班人员,按照指挥控制组的命令,管理操纵主机、辅机、应急发电机等机舱设备。

3. 消防队

消防队的主要职责是遵从指挥控制组的命令,完成失火场所的探火及灭火工作。具体任务包括:

(1)消防员穿着消防员装备完成探火、灭火及抢险救助等工作;

(2)管理及使用消火栓、消防水带及消防水枪;

(3)携带手提式灭火器灭火;

(4)管理及使用气体探测仪、双向无线电话;

(5)灭火后清理火场。

4. 隔离队

隔离队的主要任务包括:

(1)完成火场附近易燃物的隔离工作;

(2)控制防火门窗、挡火闸、舱口及通风筒等的关闭及打开;

(3)切断油路、电路及风机等;

(4)检查供随后弃船用的必要设备和装置等。

5. 救护队

救护队主要负责应急现场的救护工作,主要包括:

(1)携带及管理担架、急救药箱、毛毯等物品;

(2)对被救人员进行基本救护和照顾;

(3)根据应急情况,提供相应的其他支持。

6. 技术队

技术队为整个消防应急行动提供技术支持和保障。其主要任务包括:

(1)管理固定式灭火系统,根据指挥控制组的命令使用;

(2)管理固定式局部灭火系统;

(3)管理应急消防泵;

(4)管理国际通岸接头。

[思考题]

简述船舶消防组织的构建及各队的主要职责。

第二节

应变部署表

【要点】

　　船舶在海上航行时,可能会遇到各种紧急情况,如火灾、船舶碰撞、搁浅、恶劣天气等,这些紧急情况可能导致人员伤亡、财产损失或者环境污染。为了较好地处理和应对这些紧急情况,船舶在开航前应制定相应的应急预案。其中,将船舶消防和船舶救生这两项应急行动预案合并后以表格的形式张贴告知船员,这个表格文件就是应变部署表(Muster List)。

【必备知识】

一、应变部署表

1. 概述

　　应变部署表是指在船舶上用表格形式表达的符合《1974年国际海上人命安全公约》要求的船舶遇险时紧急报警信号及其全员应变部署的重要船舶资料。

　　应变部署表是船舶应急组织的一种具体表现形式。为了提高应变部署表的实用性,每艘船舶应根据船舶配员、设备等的情况编制应变部署表。

2. 应变部署表的内容

　　根据《海洋运输船舶应变部署表》(GB 17566—2021),货船应变部署表以船长为中心,全体船员分工配合,分成救生部署、消防部署和封闭处所进入与救助三部分,包括紧急报警信号、驾驶台和机舱、弃船救生动作、放救生(助)艇筏动作与任务、消防部署、封闭处所进入与救助、船员职务表和备注等栏目。

　　(1)紧急报警信号

　　应根据船长的命令,用汽笛或报警器发出紧急报警信号,如可能,应伴随使用广播系统,船员听到报警信号后,立即根据应变部署表的要求行动。表8-2-1所示为船舶紧急报警信号。

表8-2-1　船舶紧急报警信号

应急类型		信号
消防	消防报警	短声连放 1 min
	船前部失火	短声连放 1 min 后一长声
	船中部失火	短声连放 1 min 后二长声
	船后部失火	短声连放 1 min 后三长声
	机舱失火	短声连放 1 min 后四长声
	生活区失火	短声连放 1 min 后五长声

（续表）

应急类型		信号
弃船报警		七短声一长声,重复连放 1 min
人员落水	人员落水	连续三长声
	人员右舷落水	连续三长声后一短声
	人员左舷落水	连续三长声后二短声
解除警报		一长声

注:短声是指历时 1 s 的汽笛声或铃声;长声是指历时 4~6 s 的汽笛声或铃声。

（2）驾驶台和机舱

①船长:总指挥。

②驾驶员:协助船长,瞭望,操作车钟,管理火灾探测器。

③值班水手:联络传令,悬挂、施放信号,管理抛绳设备,抛投带自发烟雾信号的救生圈,操舵,协助瞭望。

④无线电操作人员:管理 DSC/VHF/双向无线电话等通信设备,协助船长负责船内外的通信联系,根据船长的指示通知弃船集合地点。

⑤轮机员:管理操纵主机、辅机和应急发电机。

（3）消防部署

消防部署是将船舶人员划分为消防队、隔离队、救护队和技术队,并分配具体任务。

3. 应变部署表的要求及填写原则

（1）三副应在船舶开航前完成应变部署表的编制工作,并经大副审核、船长批准签署后公布实施。

（2）应根据船员的职务(适任能力)分配职责及任务,完成编制工作。

（3）在填写应变部署表时可以遵循一人多职、一职多人的原则。

（4）如因船员变动等原因而更改应变部署表,应及时修订该表或编制新表。

（5）应变部署表应张贴在驾驶室、机舱集控室、生活区走廊及其他公共处所。

二、应变部署卡

为了便于每位船员快速查看、掌握自己的应变岗位职责及任务,除了应变部署表外,船舶还应为每位船员配备一张应变部署卡,并将其置于船员房间内的明显位置。

船员应变部署卡的填写应与应变部署表保持一致,且应在船舶开航前由驾驶员填妥并告知船员本人。如有变动,则应重新填写。船员应变部署卡如表 8-2-2 所示。

表 8-2-2　船员应变部署卡

应变部署卡 船名 M/V:		
编号：	姓名：	职务：
艇号：	消防集合地点：	
消防	信号	短声连放 1 min,随后：一长声(船前部失火),二长声(船中部失火),三长声(船后部失火),四长声(机舱失火),五长声(上甲板失火)
	任务	
弃船	信号	七短声一长声,重复连放 1 min
	任务	
人员落水	信号	连续三长声,随后：一短声(人员右舷落水),二短声(人员左舷落水)
	任务	
封闭处所进入与救助	信号	广播通知
	任务	
解除警报：一长声		

[思考题]

简述应变部署表的内容及要求。

第三节

防火控制图

[要点]

防火控制图集中反映了船舶消防设备、救生设备等应急资源在船舶上的分布情况,是保证船舶营运安全的重要图纸。

[必备知识]

一、防火控制图的内容

防火控制图是一张永久展示船舶消防设备、救生设备(以标识或符号表示)的总布置图,能够集中反映消防及救生设备的安全技术性能,是保障船舶营运安全的重要图纸。

防火控制图的主要内容有：每层甲板的控制站,各级防火分隔围蔽的防火区域,船舶消防设施器材的位置及数量,以及各通风系统(包括风机、挡火闸、遥控关闭装置、应急通道等)的位置等。图 8-3-1 为某集装箱船防火控制图。

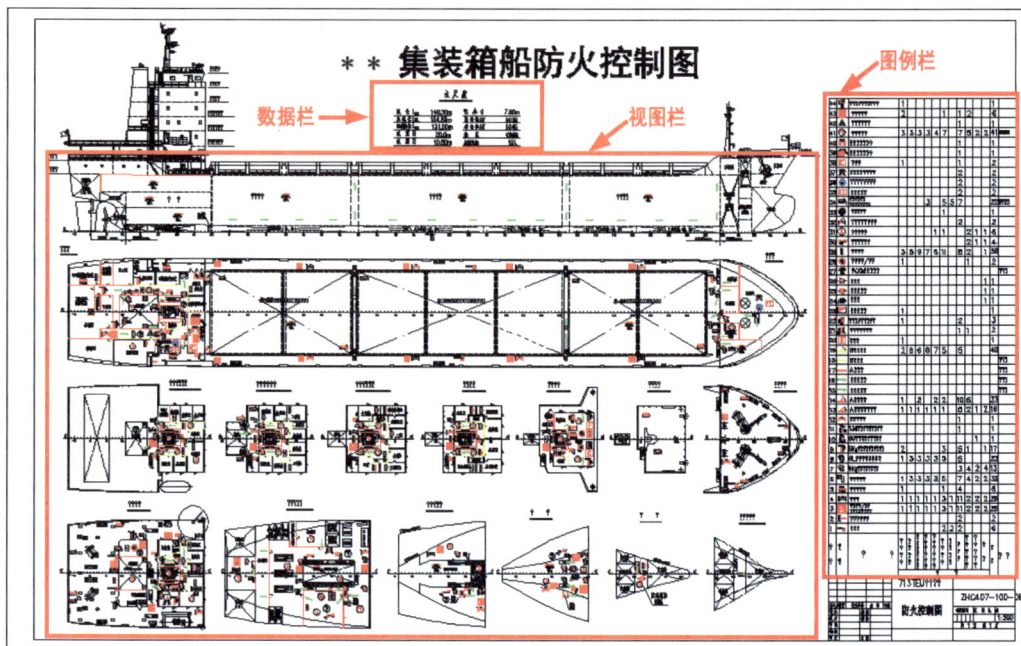

图 8-3-1　某集装箱船防火控制图

二、防火控制图的作用

（1）防火控制图可用于消防应急时进行图上推演，借助防火控制图可以标注失火位置，提供附近船舶消防设备设施的技术细节，然后讨论制定应急方案，大大提高了船舶的应急效率。

（2）防火控制图展示了船舶配备的消防设备、救生设备的技术信息，对三副进行全船设备检查、维护有指导作用，避免了检查过程中的遗漏问题。

（3）防火控制图对船舶进厂修理安全设备具有指导作用，按照防火控制图对船舶的安全设备进行修理，可以保证船舶的入级标准，避免施工不当而降低船舶的技术标准。

三、防火控制图的存放

（1）通常情况下，防火控制图应张贴在船舶的公共场所，供船员查看。

（2）经主管机关同意，防火控制图可装订成册，每位高级船员人手一册，并在船上易于到达的位置存放一份副本供随时使用。

（3）防火控制图或含有该图的小册子应永久性地放置于甲板室外面有明显标志的存放筒（风雨密筒）中，岸上的消防人员在需要时可以取用。图 8-3-2 所示为船舶防火控制图存放筒。

防火控制图或含有该图的小册子应不断更新，有任何改动应尽可能随时记录。另外，防火控制图的说明文字应用主管机关要求的语言书写，如果该语言既不是英文也不是法文，则应包括其中一种语言的译文。

图 8-3-2 船舶防火控制图存放筒

【思考题】

1. 简述防火控制图的作用。
2. 简述防火控制图的存放要求。

第四节

脱险通道

【要点】

脱险通道是指船舶发生火灾等紧急情况时,船上人员能够迅速抵达登乘甲板等安全处所的通道。因此,船员应熟悉本船的脱险通道,以便在紧急情况下能迅速撤离。

【必备知识】

除了对脱险通道的一般要求进行规定外,SOLAS 公约还针对客船和货船分别对其控制站、起居处所和服务处所的脱险通道以及机器处所的脱险通道提出了相关要求。

一、一般要求

(1)除另有明文规定外,应为所有处所或处所群至少提供两条彼此远离并随时可用的脱险通道。

（2）脱险通道的宽度、数量和连续性应满足《国际消防安全系统规则》的要求。

（3）起居处所、服务处所和控制站内的所有梯道应为钢质框架结构，但主管机关批准使用其他等效材料者除外。

（4）不允许将长度超过 7 m 的端部封闭的走廊作为脱险通道。

（5）脱险通道上的门一般应向逃生的方向开启。

通常情况下，脱险通道的标志应设在甲板以上不超过 300 mm 的位置上。图 8-4-1 所示为主脱险通道和辅助脱险通道的标志。

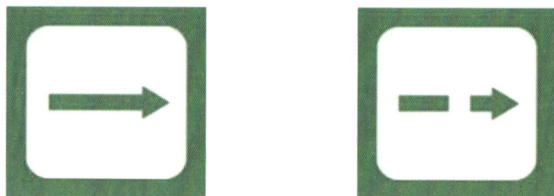

图 8-4-1 主脱险通道和辅助脱险通道的标志

二、货船起居处所和服务处所的脱险通道

应在起居处所和除机器处所外船员通常到达的处所，设置到达救生艇和救生筏登乘甲板的随时可用的脱险通道。最低的开敞甲板以下的主脱险通道应是梯道，另一个可以是围蔽通道或梯道。

根据《国内航行海船法定检验技术规则（2020）》的要求，起居处所和服务处所的脱险通道的净宽度不小于 700 mm，并在其一侧安装扶手。对于净宽度为 1 800 mm 及以上的梯道和走廊，应在其两侧装设扶手。梯道的倾斜角一般是 45°，不得大于 50°。

三、机器处所的脱险通道

（1）在最低开敞甲板以下，主脱险通道应为梯道，辅助脱险通道可为围阱或梯道；在最低开敞甲板以上，脱险通道应为梯道或通往开敞甲板的门或两者的组合。

（2）每一 A 类机器处所均应设有两条脱险通道。这两条脱险通道应由两部彼此尽可能远离的钢梯以及分别通往开敞甲板的通道及所穿越的门组成。其中一部钢梯应位于一个满足要求的受到保护的围阱内，并从其所在处所的下部通到该处所以外的安全位置。该环围（竖井）的最小内部尺寸应为 800 mm×800 mm，并应设有应急照明装置。

（3）A 类以外机器处所应设有两条脱险通道，但对于只是偶尔进入的处所和到门的步行距离为 5 m 或以下的处所，可以只有一条脱险通道。

【思考题】

1. 简述脱险通道的一般要求。

2. 简述货船生活处所及机器处所脱险通道的要求。

第五节
消防演习

【要点】

船舶消防演习是指根据应变部署表的要求进行火灾扑救的演练。定期进行船舶消防演习,有利于船员熟悉自己的岗位职责,提高自己的消防应急技能,掌握正确的消防应急程序,以便船员更好地应对船舶火灾等突发状况。

【必备知识】

一、概述

船舶消防演习的一般要求如下:

(1)货船应每月进行一次消防演习。

(2)如果超过25%的船员没有参加上个月的船舶消防演习,则应在船舶离港后24 h内进行消防演习。

(3)当船舶在经过重大改装后首次投入营运或有新船员时,应在开航前进行消防演习。

(4)消防信号发出后2 min内,船员应能在指定地点完成集合,5 min内启动应急消防泵且保证至少有2条水带能正常出水。

(5)消防演习不仅可在白天进行,也可在晚上进行;不仅可在航行中进行,也可在停泊中进行,船长一般不应提前通知船员。

(6)消防演习应经常更换假设火灾处所,以提高船员对船舶不同处所火灾的应变能力。在6个月内,每次演习所选择的处所不应重复,并应覆盖船上所有场所。

(7)船员上船后应接受必要的消防培训,例如,便携式灭火器的操作、搜寻和救助、隔离可燃物、消防员装备的检查与穿戴、消防射水训练、灭火后清理火场等。

二、消防演习的意义

消防演习可以提高船员处理突发事件的能力,从而确保船舶的安全。根据SOLAS公约的要求,船员应定期进行消防演习。消防演习的意义包括:

(1)通过消防演习,每位船员可以熟悉自己在应变情况下的职责,从而提升应急能力。

(2)通过定期消防演习,在船舶发生火灾时,船员可以按照正确的应急程序迅速采取有效行动,避免因恐慌而造成不必要的损失。

(3)通过实战演练可以发现火灾应急预案的不足,从而完善预案,使其更加科学合理。

三、船舶灭火的基本原则

船舶在海上发生火灾,往往很难得到外部支援,只能依靠自身的消防力量扑灭火灾。

因此,在船舶灭火过程中,应遵循船舶灭火的基本原则并根据应变部署的要求,迅速、有效地扑灭火灾。

(1)先控制,后消灭。灭火时只有控制住火势,不使其蔓延,才能为很快扑灭火灾创造条件。

(2)先探明火情,后采取行动。只有充分探明火灾类型及火场情况,综合考虑现有人员及船舶配备消防设备情况,采取有效的灭火行动,才能及时、有效地将火扑灭。否则必然导致火场秩序混乱,延误灭火时机。

(3)彻底扑灭余火。火被扑灭后,必须仔细检查,消灭余烬,防止复燃,必要时安排专人看守火场。

(4)如灭火没有希望,应设法采取抢滩或弃船等措施。

四、消防演习的内容

每次消防演习应包括如下内容:

(1)到指定集合地点集合,并准备履行应变部署表中所列职责。

(2)启动消防泵,至少喷出 2 股水柱,以表明系统处于正常工作状态。

(3)检查并穿戴消防员装备和其他个人装备。

(4)检查及操作相关通信设备、通用应急报警系统。

(5)检查演习区域内水密门、防火门、挡火闸和通风系统的主要进出口的操作性。

(6)检查为随后的弃船而做的必要准备。

(7)应立即将演习中使用过的设备放回原处并恢复到完好的操作状况;应尽快消除演习中发现的任何故障和缺陷。

五、消防演习的流程

应结合船舶的消防组织,根据消防应急预案开展消防演习,演习程序主要包括发现火灾并报警、发出全船的火灾警报信号、全体船员的行动、演习结束及讲评等部分。下面以机舱副机平台失火为例,阐述机舱消防演习的主要流程。

1. 发现火灾并报警

当船舶发生火灾时,应立即报警告知驾驶室值班人员,通常有两种情况:

(1)船舶火灾探测及报警系统监测到火灾并报警。

(2)消防巡逻人员或其他船员发现火情,并通过手动报警按钮或内部电话报警。报警的内容应尽可能包括火灾类型、火灾强度、是否有人被困等。为了警示其他人员,通常要求船员大声呼喊"着火了"。

船员报警后,应尽可能利用附近的灭火器灭火或者抑制火灾的蔓延。

2. 发出全船的火灾警报信号

值班驾驶员收到报警并确认后,应立即报告船长并发出全船的火灾警报信号。

3. 全体船员的行动

(1)船长收到火灾报告后,应立即到驾驶室指挥火灾扑救。

(2)值班驾驶员根据船长的命令,关闭通往火灾区域的通风装置,操纵船舶使失火部位处于下风,与外界沟通联系以及做好相应的记录工作。

船舶与船舶管理公司、船东、租船人和代理人、海事局、搜救中心和附近船舶等外界相关方沟通的内容主要包括：

①船舶火灾状况：火灾发生的时间、地点和原因，对火灾发展的预测。

②船舶状况：船舶的位置，船舶的前、后吃水，船舶动力系统。

③外部环境：水流方向及流速，天气情况，附近是否有浅滩。

④船舶损失和采取的行动。

⑤所需协助：医疗援助和救援援助。

（3）机舱值班人员根据船长的命令做好主机备车、减速等准备工作，断绝失火处所的电力供应和通风，并迅速启动消防泵或应急消防泵。

（4）除了上述固定值班人员外，其他人员在听到火灾警报后，应按照应变部署表的要求携带相应的消防器材在 2 min 内到达指定的集合地点，做好灭火准备工作：

①消防员到达集合地点后，尽快完成消防员装备的穿戴。

②皮龙组在靠近机舱入口处迅速接妥 2 组皮龙；关闭隔离阀并启动应急消防泵，确保 3 min 内有 2 股水柱能以正常压力出水。

③隔离队检查并关闭机舱与生活区的通风，关闭防火门及挡风闸，切断风油，检查并操作水密门、所有通风筒及机舱开口关闭装置，做好封舱前准备（注意：当有人在机舱进行初始灭火或有人受困时，不能完全关闭机舱通风系统）。

④救护队应准备担架，检查急救药箱等。

（5）机舱搜救及灭火操作：

①如有人员受困，则应搜寻救助受困人员，救护队扶伤员上担架时应注意避免造成二次伤害，小心谨慎地通过狭窄楼梯及过道。

②进入机舱灭火应尽可能选择靠近失火部位且位置较低的机舱入口；开门前，操作人员一定要先用手背选上、中、下 3 个部位测温，然后用肩顶住门，慢慢打开，防止被气浪冲倒；此时，皮龙组队员应用消防水枪对机舱入口及周围舱壁进行降温。

③进入机舱后将射水状态调整为水雾状并采用曳步的姿势行进。

④如火势蔓延无法得到控制，则应撤离机舱，并建议指挥人员采用固定式灭火系统灭火。

⑤清点人员无误后，根据指挥者的命令，封闭舱室，操纵固定式二氧化碳灭火系统以释放二氧化碳。

⑥二氧化碳释放完毕后要加强外围值守巡查，检查封舱情况，避免泄漏，同时要不断对机舱舱壁进行测温，必要时使用海水进行降温，若温度明显下降，则说明火已被控制或熄灭。

⑦消防员进入机舱二次探火，如火已熄灭，无复燃的可能，则应根据指挥者的命令，开启舱门及通风。

⑧待测氧测爆符合要求后，人员进入舱室清理火场，并将消防器材等复位。

4. 演习结束及讲评

船长下令或通过驾驶室发出一长声警报宣布演习结束；人员集合，船长根据演习情况进行总结。

【思考题】

1. 简述消防演习的一般要求及内容。
2. 简述消防演习的流程。

附　录

货船应变部署表

驾驶台/机舱 BRIDGE/ENGINE ROOM	
任务 DUTIES	执行人 EXECUTOR
协助船长，瞭望，操纵车钟，管理驾驶台仪器、设备及控制系统，包括火警探测系统等，对外联系，做好记录 Assist master lookout, operate engine telegraph, manage the bridge equipment and control systems, including fire detection systems, etc., communicate and record	
操舵，协助瞭望，悬挂信号 Helm, assist to lookout, display signals	
轮机长替代人，机舱值守，管理操纵主机 Substituted C/E, on duty in E/R, Control the M/E	

货船应变部署表 MUSTER LIST FOR CARGO SHIP

船名：
M/V:

船东/管理公司：
SHIPOWNER/MANAGEMENT COMPANY:

紧急报警信号：根据船长指令，用报警器或汽笛发出如下紧急报警信号，并通过有线广播，用船员工作语言反复发布，船员听到报警信号后，应立即着装就位
Emergency alarm signal: The following alarms are sounded on whistle or siren according to master's order, followed by cable broadcast with working language repeatedly. When the alarm is sounded, crew members shall be donned and mustered at stations immediately
消防 fire alarm: 短声连放一分钟 short blast continued for one minute
弃船 abandon ship alarm: 七短一长重复连放一分钟 seven short blasts with one prolonged blast repeat for one minute
解除 signal for dismissal: 一长声 one prolonged blast
人员落水 man overboard: 三长声 three prolonged blasts

编号 Crew No.	1	2	3	4	5	6	7	8	9	10	11	12	13	14	15	16	17	18	19	20	21	22	23	24	25	26	27	28	29	30
职务 Rank																														
姓名 Name																														
筏号 Craft No.																														
艇号 Boat No.																														

弃船救生动作 ACTIONS FOR ABANDONING SHIP

弃船时的任务 DUTIES	执行人 EXECUTOR	弃船时的任务 DUTIES	执行人 EXECUTOR
降国旗 Lower the national flag		关闭有关机器，操纵遥控阀门和开关 Shut off relevant engines, control remote control valves and switches	
携带有关海图、国旗、航海日志、轮机日志、无线电记录簿、车钟记录簿、VDR数据存储器或相关自动记录 Carry relevant charts, flag, deck log book, engine log book, radio log book and engine telegraph record. VDR data storage or relevant automatic recordings		携带、管理应急无线电示位标（操作说明）Carry and manage EPIRB (With operating instruction)	
携带船舶证书及重要文件 Carry ship's certificates and important papers		携带双向无线电话机及应急备用电池（操作说明） Carry two-way radiotelephone and emergency backup battery (With operating instruction)	
尽可能携带食品、药品和毛毯等生活必须品 Carry food, medicine and blankets as much as possible		管理操纵抛绳器（操作说明）Administer line-throwing appliances (With operating instruction)	
关闭水密门、排水孔、舷窗、天窗、舷门和其他类似开口 Close watertight doors, scuppers, side scuttles, skylights, portholes and other similar openings on board		携带雷达应答器（操作说明）Carry SART (With operating instruction)	
		发送最后求救信号 Send the last distress signal	

放救生艇/救助艇/救生筏动作与任务 SURVIVALS CRAFT LAUNCHING

执行人 EXECUTOR	自由降落式救生艇 GRAVITY FREEFALL LIFEBOAT	吊放式救生筏 DAVIT TYPE LIFERAFT	执行人 EXECUTOR
	艇长，携带艇员名单，核对艇员，指挥放艇 Commander on spot, carry a list of boat crew, check boat crew members, command boat launching	筏长，管理集合地点应急照明，核对筏员名单 Commander on spot, administer the emergency lighting at muster station, check the raft crew list	
	副艇长，携带艇员名单，检查救生衣和救生服 Carry a list of boat crew, check immersion suits and lifejackets	松开滑钩，脱开绑扎钢丝绳 Release slip hook to disconnect lashing wire	
		把卸扣挂在吊筏钩上 Hang the shackle on the hook	
	管理集合地点应急照明和救生艇电气设备 Administer the emergency light of muster station and boat electrical equipment	拉出稳索，分别在两侧栏杆或系固点绑牢 Pull the stay line and tie it to the railings or fastening points on both sides	
	检查是否有妨碍救生艇自由降落的障碍，如模拟释放用的限制救生艇滑落的索具或器具 Check for obstacles to the freefall of a lifeboat, such as rigging or appliance for simulating the release of the lifeboat	拉缆绳，直到筏体充足气，并将登筏垫拉出铺在甲板上 Pull the cable until the liferaft is full and pull the padding onto the deck	
	自由降落式救生艇登艇人员全部进入小艇，系安全带 All members enter into the freefall lifeboat, fasten safety belts	登筏，解开吊筏索和登筏布，放低至海面 Get on board, disconnect the raft cable and boarding cloth then lower to the sea	
	管理艇机和应急舵 Administer boat engine and emergency rudder	将吊筏钩脱开，用小刀割断小绳后撤离 Release the hook from raft and cut the rope with a knife for evacuation	
	操纵救生艇脱钩装置，操纵艇机 Operate release systems, operate boat engine		

执行人 EXECUTOR	抛投式救生筏 FLAT TYPE LIFERAFT	重力式救助艇/救生艇 GRAVITY LIFEBOAT/RESCUE BOAT	执行人 EXECUTOR
	筏长，管理集合地点应急照明，核对筏员名单 Commander on spot, administer the emergency lighting at muster station, check the raft crew list	现场指挥，指挥放艇 Commander on spot, command boat launching	
	解除救生筏系固索，将救生筏抛投水中，拉动首缆，充气成形 Cast off the liferaft lashing, throw the liferaft into the water and pull the bow cable to expand by inflating	艇长，现场指挥接替人，协助指挥放艇，操作脱钩装置，操纵救助艇 Commander of the boat, substitute for commander on spot, assist boat launching, operate release systems and manoeuvre unclosed rescue boat	
	放妥登乘梯，检查登筏人员救生服、救生衣穿着 Lay out embarkation ladder, check immersion suits and life jackets	检查救生衣的穿着 Check the donning of lifejackets	
	扶正救生筏 Right the liferaft to its proper condition	管理集合地点应急照明和吊艇机电气设备 Administer emergency lighting of muster station and davit electrical appliance	
	抛投救生浮环，协助落水人员登筏 Throw rescue quoits to help persons in water	放登乘梯，拆除舷边护栏，照料艇员登艇 Lay out embarkation ladder, dismantle side-rail and take care of crew embarking	
	解除救生筏系缆，使筏脱离船舶 Cast off the painter to move the raft away from the ship	解除救助艇前/后固艇索，带艇首/艇缆 Release gripes fore and aft, fasten painter and aft line	
	管理海锚，控制救生筏漂流速度 Cast sea anchor to control the raft drift speed	操纵吊艇架放艇 Operate the davit for launching	
		随艇下，管理艇首缆，出艇篙把，撑篙 In boat, control painter, take fender and pole	
		随艇下，管理艇尾缆，携带救生圈 In boat, control aft rope, carry lifebuoy	
		随艇下，操作救助艇艇机 In boat, operate boat engine	
		随艇下，携带急救药品、毛毯、医疗器材，现场救助 In boat, carry first-aid kit, blanket and medical equipment. Give the emergency treatments	

救生部署 BOAT STATIONS

驾驶台 BRIDGE			电台任务 RADIO STATION	
值班驾驶员 Duty officer	协助船长，瞭望，操纵车钟，对外联系 Assist Master lookout, operate telegraph, contact with outside	← 船长 MASTER →	GMDSS 操作员 GMDSS operator	管理 GMDSS 设备，协助船长负责船内外通信联系，根据船长指示通知弃船集合地点 Administer GMDSS equipment. Assist master with communication, indicate muster station according to master's order
值班水手 Duty seaman	操舵，协助瞭望，悬挂信号，抛投带自亮浮灯和救生索的救生圈 Helm, assist to lookout, display signals. throwing lifebuoy with auto-light and life-line			

消防部署 FIRE STATIONS

大副作为船长接替人，甲板着火时担任现场指挥，有危险品着火时携带装载图和应急措施表；机舱着火协助轮机长指挥
C/O substituted master, command on spot if deck on fire, carry loading plan and Ems when DG on fire, assist C/E if E/R on fire
轮机长在机舱着火时担任现场指挥，甲板着火协助大副指挥　C/E act as command on spot if E/R on fire, assist C/O if deck on fire

消防队 FIRE-FIGHTING SQUAD 任务 DUTIES	执行人 EXECUTOR	隔离队 ISOLATION SQUAD 任务 DUTIES	执行人 EXECUTOR
队长：指挥消防队 Leader of fire-fighting squad: command fire-fighting squad		队长：指挥隔离队 Leader of isolation squad: command isolation squad	
副队长：队长接替人，协助队长工作 Deputy leader of fire-fighting squad: substitute for leader, assist leader		副队长：队长接替人，协助队长工作，携带长柄太平斧 Deputy leader of isolation squad: substituted for leader, assist leader and carry fire-fighting axe	
队员：携带并穿戴消防员装备，探火，抢险 Team member: carry and wear FFE, search for fire spot, rush to deal with an emergency		队员：隔离火场周边易燃物 Team member: isolate flammable materials around the fire	
队员：操作消火栓、水带及水枪 Team member: control hydrants, fire hoses and nozzles		队员：关闭防火门窗、挡火闸、舱口、孔道、通风筒等 Team member: close fire doors, windows, fire dampers, hatches, access ventilations, etc	
队员：携带手提式灭火器 Team member: carry portable extinguishers		队员：切断有关电路，关闭风机 Team member: cut off relative circuit, turn off ventilator	
队员：携带手提式灭火器 Team member: carry portable extinguishers		队员：关闭有关油路吸口阀门 [illegible]	
队员：携带两只防爆型或等效安全的双向无线电话 Team member: carry two explosion proof type or intrinsically safe two-way portable VHF		队员：检查供随后弃船用的必要设备和装置 Team member: check the necessary arrangements for subsequent abandoning ship	

救护队 FIRST-AID SQUAD 任务 DUTIES	执行人 EXECUTOR	技术队 TECHNICAL SQUAD 任务 DUTIES	执行人 EXECUTOR
救护队队长：指挥救护队，携带急救药箱，救护 Leader of first-aid squad: command first-aid squad, carry first-aid box, perform first-aid		队长：指挥技术队 Leader of technical squad: command technical squad	
		副队长：队长接替人，协助队长工作 Deputy leader of technical squad: substitute for leader, assist leader	
副队长：队长接替人，携带担架，救护 Deputy leader of first-aid squad: substituted for leader, carry stretchers, and perform first-aid		队员：操作固定灭火系统，按船长命令施放 Team member: control the fixed fire extinguishing system and apply it according to master's order	
		队员：操作应急消防泵 Team member: control the emergency fire pumps	
		队员：管理操纵固定式局部灭火系统 Team member: control fixed local application fire-fighting systems	
		队员：管理操纵主机、副机、应急发电机 Team member: control M/E, A/E and E/G	
		队员：管理国际通岸接头 Team member: administer international shore connection	

封闭处所进入与救助 ENCLOSED SPACE ENTRY & RESCUE

任务 DUTIES	执行人 EXECUTOR
现场指挥，负责甲板/机舱所属封闭处所区域 Command on the spot, responsible for the enclosed space belong to the deck/engine room	
驾驶台值班，负责保持船舶内部和对外通信联系畅通 Duty on bridge, keep good communications with internal and external in the ship	
机舱值班 Duty on engine room	
使用专业仪器对封闭处所进行测氧测爆、有毒有害检测，使用的通信设备需为防爆型 Use professional instruments to perform oxygen measurement, explosion detection and toxic and harmful detection on enclosed spaces. The communication equipment used must be explosion-proof	
携带救生绳、安全带等属具，打开封闭处所门窗，移开附近障碍物 Carry the lifeline, safety belts and other gears. Open the ventilation cap of the enclosed space. Remove the obstacles near the enclosed space	
携带便携式防爆灯，提供电源和充足的通道照明 Carry portable explosion-proof light. Provide power and enough lighting in the gallery	
拉警戒绳，挂警戒牌，禁止无关人员进入 [illegible]	
携带担架、急救药箱和毛毯等，现场救护 Carry stretcher, first-aid kit, blanket, etc. Conduct the emergency treatments	
携带并穿戴防护用具、自给式呼吸器，配备安全设备进入处所救助伤员 Carry and wear protective and self-contained breathing apparatus. Enter the enclosed space to rescue the wounded	
使用便携式鼓风机，对处所进行通风 Use portable ventilator, provide ventilation	
进行隔离，关闭相关的管路和阀门 Isolate the enclosed space, close the relative pipe and valves	
看护员，携带通信设备，建立与进入人员的通信，并在进入前进行测试 Act as a monitor, carry communication equipment and test before enter. Get in touch with the person entering the enclosed space	

三副：
负责船上消防救生设备的日常检查和维护
Third officer
In charge of the inspection and maintenance of the fire-fighting and life-saving equipments and appliances onboard the vessel

注：
1. 应变部署表应在船舶开航前制定。在应变部署表制定后，如船员有所变动而必须更改应变部署表时，船长应安排人员修订该表或制定新表。
2. 应变部署表中的任务可以一人多职，也可一职多人。
3. 船长的接替人为大副，轮机长的接替人为大管轮，驾驶员互为替换人，轮机员互为替换人，艇长的接替人首选持船舶驾驶证人员。
4. 航行途中发生应急情况时，驾驶室固定人员为：船长、值班驾驶员、值班水手；机舱固定人员为：轮机长、值班轮机员、值班机工。表中"执行人"一栏应填船员编号。
5. 救助艇的降落参照救生艇的降落，由船长现场决定增加救助、救护和担架人员。
6. 救生、消防设备维护保养责任人为驾驶员或轮机员，大副和轮机长负责监督指导。
7. 应变部署表应由船长签字后张贴在驾驶室、机舱、居住处所及公共处所。如遇船员变动或情况改变，应及时修订。
8. 对于国内航行船舶，在填写应变部署表时船员姓名可以不填在应变部署表中，但应在应变部署卡中填写，并采取有效手段，使船舶主要人员手中有本航行次船员姓名与编号的对照表。
9. 若船上人数超过30人，应将超出人员信息另行列出。

REMARKS:
1. The muster list shall be prepared before the ship proceeds to sea. After the muster list has been prepared, if any change takes place in the crew which necessitates an alteration in the muster list, the master shall arrange personnel to revise the list or prepare a new list.
2. For the duties assigned in the muster list, one person may do multiple duties and vice versa.
3. The substitute for master in an emergency is chief officer and for chief engineer is second engineer. The officers substitute each other and the engineers do likewise. The substitute for commander of lifeboat should consider certified person first.
4. In the case of emergency, the following crew must be present: master, duty officer and duty seaman on the bridge; chief engineer, duty engineer and duty motorman in the engine room. The content filled in the columns of "executor" shall be crew number.
5. Reference is made to lifeboat launching for the operation of rescue boat launching. Persons needed for carrying rescue, first-aid and lifting stretcher should be assigned on the spot by the master.
6. Crew members appointed to maintain life-saving and fire-fighting appliances should be deck officer and engineer. This work should be conducted under the direct supervision of chief officer and chief engineer.
7. Muster list shall be posted in the bridge, engine room, accommodation and public spaces after signed by the master. If any change takes place in the crew which necessitates an alteration in the muster list, the master shall either revise the list or prepare a new list.
8. The name of the crew could not be filled in muster list but shall fill in emergency card for domestic sailing ships. Effective measures should be taken to ensure that main crew and persons obtain the table of name and number of crew.
9. If the number of crew and persons onboard over 30, the information of them shall be listed separately.

船长 MASTER: ____________　　日期 DATE: ____________

参考文献

［1］国际海事组织.1978年海员培训、发证和值班标准国际公约马尼拉修正案［M］.中华人民共和国海事局,译.大连:大连海事大学出版社,2010.

［2］杜林海,戴树龙,邹熙康.防火与灭火［M］.大连:大连海事大学出版社,2020.

［3］国际海事组织.国际海上人命安全公约综合文本:2014［M］.北京:人民交通出版社,2015.